철학썰전

세계사를 움직인 사상가들의 격투

철학썰전

모기 마코토 지음 · 정은지 옮김

21세기북스

머리말

역사학이란 '언제, 어디서, 누가, 무엇을 했다'는 사실관계를 명확히 밝히는 학문입니다. '왜'라는 동기 부분에 대해서는 그렇게 심도 깊게 파헤치지 않습니다. 가령, "십자군이 이슬람 세계를 침략했다"는 것은 사실입니다. 하지만 그 동기와 관련해서는 다양한 설명이 가능합니다. '로마 황제가 비잔티 황제를 원조함으로써 정치적 우위를 드러내고자 했다', '그리스도교에 의한 마지막 심판이 가까워지고 있다는 종말론 사상에 자극받은 무장 순례였다', '삼포제(공동 경지 전체를 세 개의 경포(耕圃)로 나누어 여름 곡물, 겨울 곡물, 휴작으로 할당하여 1년마다 그 순서를 바꾸도록 하는 토지 이용 제도—옮긴이)의 보급과 대대적인 개간으로 인구가 급증하자 잉여 인구의 배출구로 이용했다' 등 복합적인 요인이 있음을 짐작할 수 있습니다.

이처럼 역사적 사실의 배경까지 전부 설명하려면 정치학, 종교학, 경제학, 지리학 더 나아가 국제정치학 지식이 필요합니다. 하지만 방대한 지식을 다루어야 하는 '세계사' 강의에서 깊이 있는 설명은 불가능합니다. 고등학교 교과로 말하자면 '정치경제', '윤리와 사회', '지리'로 분류되어 중복적으로 다루어지는 부분이기도 합니다.

이 책은 '사상과 철학'이 세계사 속에서 어떻게 싹텄고 어떤 역할을 해왔는지를 생각해보자는 취지로 만들었으며, 질의응답이 이어지는 강좌 형식으로 구성했습니다. 매 장마다 주제를 정하고 그와 관련된 사상들이 어떤 논쟁을 벌였는지 살펴보는 형식으로 이루어져 있습니다. 고대로부터 현대까지의 철학사를 총망라한 것은 아니기 때문에 같은 사상가가 몇 번씩 등장하기도 하고 전혀 언급되지 않는 사상가도 있다는 점, 미리 양해 말씀 드립니다.

첫 번째 주제는 '법과 정의'에 관련된 것입니다. 법이란 무엇인지, 정의란 무엇인지, 법과 정의가 모순되는 경우 어떻게 해야 하는지, 인간은 권력을 어떻게 이용하고 조종해왔는지에 대해 규명해보고자 합니다.

두 번째 주제는 '전쟁과 평화'입니다. 전쟁의 원인을 둘러싼 두 가지 큰 대립 축을 제시하고 전쟁 발발을 억제할 수 있는 자구책으로서의 국제법과 집단 안전 보장 체제(국제연합)가 성립되기까지의 과정에 대해 살펴보겠습니다.

세 번째 주제는 '이성과 감정'에 대한 주제입니다. 서양 철학의 대가 플라톤(Platon, BC 427~BC 347)과 데카르트(René Descartes, 1596~1650)의 사상에 대해 해부해보고자 합니다.

네 번째 주제 '나와 세계'에서는 본래 인간의 의식이란 무엇인지에 대한 궁극적인 문제를 파헤쳐보고자 합니다. 철학과 종교, 심리학의 교차 영역으로 칸트(Immanuel Kant, 1724~1804)와 키르케고르(Sören Kierkegaard, 1813~1855), 니체(Friedrich Nietzsche, 1844~1900)가 등장합니다.

그럼 이제 시작해볼까요?

차례

법과 정의

법이란 무엇인가? 정의란 무엇인가? 법과 정의가 모순되는 경우 어떻게 하면 좋을까? 인간은 권력을 어떻게 이용하고 조종해왔는가? 세계 최초의 민주주의에서 플라톤의 혁명 사상까지 세계사를 돌아본다.

제1전의 주요 등장인물

소크라테스

플라톤

몽테스키외

루소

1

아이히만은 유죄인가?

법과 정의가 모순되는 경우 어떻게 해야 할까?
나치 독일의 전범 재판 사례를 통해 생각해보자.

법과 정의는 항상 옳을까요?

── 법은 범죄를 막기 위한 것이니 언제나 옳다고 생각하기 쉬
운데, 그렇다면 정의(正義)는 어떻게 정의(定義)할지 그 기준에
따라 다른 것이 아닐까요?

그렇게 생각할 수도 있습니다. 하지만 법이 오히려 끔찍한
범죄를 야기한 사례도 적지 않습니다.

50대 독일계 아르헨티나인인 리카르도 클레멘트(Ricardo
Klement). 그는 이마가 훤히 보이는 머리에 도수 높은 안경. 공
장에서 주임이라는 직함을 맡아 일하던 평범한 중년 남자였습

니다. 1960년 어느 날, 아내와의 결혼기념일이라는 사실을 떠올리고 집으로 가는 길에 꽃다발을 산 클레멘트. 누군가가 미행하고 있다는 사실을 전혀 눈치 채지 못하고 집으로 향하던 그는 두 달 후, 자택 근처에서 수십 명의 남자들에게 포위되어 납치됩니다. 그를 납치한 사람들의 정체는 곧 이스라엘의 특수 정보 기관 모사드(Mossad)로 밝혀졌습니다.

"15년이나 잘도 숨어 살았군. 아돌프 아이히만 중령."

아돌프 아이히만(Adolf Eichmann 1906~1962)은 유대인 대학살을 자행한 나치 전범 중에서도 악명이 높았던 사람이죠. 세계 경제가 공황에 빠진 1933년, 실업률이 45퍼센트에 달하는 혼란 속에서 정권을 거머쥔 히틀러(Adolf Hitler, 1889~1945)는 국회에서 전권 위임법을 가결시키고 입법권을 손에 쥐게 됩니다. 총통의 명령이 곧 법이 되어버린 1935년, 나치 전당대회가 개최된 뉘른베르크에서 발포한 뉘른베르크법은 '독일인의 혈통을 지킨다'는 명분하에 유대인들의 시민권을 박탈하고 독일인과 유대인의 결혼을 금지시켰습니다. 뉘른베르크법이 발포된 이후 유대인에 대한 박해는 더욱 심해졌고 게토(ghetto, 중세 이후의 유럽 각 지역에서 유대인을 강제 격리하기 위해 설정한 유대인 거주 지역―옮긴이)로의 강제 이주와 수용소로의 이송, 대량 학살과 같은 만행은 극한으로 치닫기 시작했습니다.

아이히만은 히틀러 직속 무장단체인 친위대(SS) 산하에 있던 국가보안본부의 유대인 담당 과장이었어요. 독일 점령지에 거주하는 유대인을 화물 운반 열차에 실어 강제수용소로 이송하는 것이 그의 업무였죠. 당의 각료로서, 실무가로서 아이히만은 탁월한 능력을 발휘했고 유대인 이송은 일사천리로 이루어졌습니다. 아이히만이 열차의 이송 시간을 철저하게 관리한 덕에 한 치의 오차도 없이 정확하게 운영되었습니다.

그는 유대인 총살 현장이나 가스 살인 집행 현장을 지휘하기도 했고, 1942년 나치 요원들이 '유대인 문제에 대한 최종적 해결책'을 결정하기 위해 한자리 모인 반제 회담에서는 회의록을 기록하는 서기를 맡은 전적도 있습니다. 당연히 유대인 말살을 위한 수용소의 실태에 대해서 충분히 알 수 있는 위치에 있던 사람이죠.

당시 아우슈비츠나 트레블링카 같은 나치 수용소에서 살아남은 생존자가 아직 다수 생존하고 있던 시절이었던 만큼 예루살렘에서 열린 아이히만 재판은 전 세계로 생중계되며 큰 이목을 끌었습니다.

'홀로코스트(유대인 대량 학살)에 가담한 극악무도한 인간'의 이미지와는 전혀 다른, 평범하기 그지없는 중년 남성의 모습을 한 아이히만은 사형 판결을 받고서도 자신의 죄를 인정하지 않았습니다. 살려달라고 애걸복걸하지도 않았죠.

그 시절에 "너의 아버지는 배신자다"라는 말을 들었다면 나는 친아버지라도 죽였을 것이다. 당시 나는 명령을 충실히 따르고 수행하기 위해, 정신적 만족감을 얻기 위해 무슨 일이든 할 준비가 되어 있었다.

— 〈아이히만 조서〉[1]

트럭의 배기가스를 이용해 유대인을 처형하는 현장을 시찰하면서 아이히만은 "구토가 나는 걸 간신히 참았다"고 고백했다고 합니다. 이 때문에 그가 대량 학살을 자화자찬할 정도로 인간성이 파괴된 인간은 아니었다고 분석하는 사람들도 있습니다.

하지만 그는 자신이 명령에 따라 수행한 일이 극도로 비인간적인 행위임을 알면서도 그것을 거부하지 않고 행동으로 옮겼습니다. 만약 아이히만이 총통의 명령을 거부했다면 어떻게 되었을까요?

—— 바로 목이 날아갔겠죠. 어쩌면 본인이 수용소로 끌려갔을 수도 있지 않았을까요?

이런 사례는 역사상 비일비재하며 지금도 계속되고 있습니다. 어떤 독재자도 그들의 수족이 되어주는 관료 조직이 없이는 권력을 행사할 수 없죠. 스탈린(Iosif Vissarionovich Stalin, 1879~1953), 마오쩌둥(毛澤東, 1893~1976), 폴 포트(Pol Pot, 1928~1998), 김일성(1912~1994) 일족의 죄를 묻는다면, 그들의 수족을 자청하고 앞장선 관료들의 죄도 물어야 하는 게 아닐까요? 더 나아가 "법에 따랐을 뿐이다"라고 주장하는 인간을 심판하고 유죄판결을 내리는 것은 어떤 법률에 근거한 것인지에 대해서도 생각해보아야 하지 않을까요? 과연 법을 초월하는 정의라는 것은 존재하기는 하는 걸까요?

아이히만의 사례와 정반대되는 경우도 있습니다.

16세기 스페인. 이슬람교도를 상대로 벌인 '성전(聖戰)', 이른바 국토회복운동에서 승리하고 이베리아 반도를 통일한 스페인은 이슬람교도와 유대교도를 추방하고 아메리카 대륙의 '이교도 토벌'을 위해 코르테스(Hernán Cortés, 1485~1547)와 피사로(Francisco Pizarro, 1476~1541)가 이끄는 정복 대원들을 앞세워 약탈의 끝을 보여주었습니다.

이 무렵 독일에서는 마틴 루터(Martin Luther, 1483~1546)가, 스위스에서는 장 칼뱅(Jean Calvin, 1509~1564)이 부패로 얼룩진 가톨릭교회를 신랄하게 비판하면서 종교 개혁에 불을 지피고 있었습니다. 이에 맞서 '가톨릭교회의 수호자'를 자청한 스페인 왕은 종교재판소를 설치해 루터파, 칼뱅파와 같은 '이단자'를 단죄한다는 명분으로 온갖 고문을 자행했죠. 고문을 이기지 못하고 자백을 하는 바람에 유죄 판결을 받은 자들은 즉시 화형에 처해졌습니다.

네덜란드 주민들 중에는 칼뱅파가 많았습니다. 이 지역을 통치하던 부르고뉴 공작 일가의 단죄를 받은 네덜란드인의 영지는 강제 혼인을 통해 스페인 왕의 영지로 귀속당했습니다. 네덜란드의 총독으로 네덜란드 사정에 정통할 뿐 아니라 부인도 네덜란드인이었던 오라녜 공 빌럼 1세(Willem I van Oranje, 1533~1584)는 스페인 왕 펠리페 2세(Felipe II, 1527~1598)로부터 "스페인 법을 적용시켜 네덜란드의 이단자를 모두 화형에 처하라"는 명령을 받습니다. 이것은 네덜란드 국민 대부분을 처형하라는 것을 의미합니다.

'태양이 지지 않는 나라'라고 일컬어지며 날아가는 새도 떨어뜨릴 만큼 기세가 하늘을 찌르던 스페인 국왕이자 최고 권력자인 펠리페 2세의 명령은 절대적이었습니다. 아이히만과 같은 입장에 내몰린 오라녜 공은 아이히만과는 전혀 다른 행동을 취했습니다. 법의 집행을 거부한 것이죠.

—— 빌럼은 어떻게 되었나요?

　당연히 즉각 해임을 당했습니다. 새로운 총독으로 알바 공 (Fernando Álvarez de Toledo, 1507~1582)이 부임하고 '피의 법정'으로 알려진 즉결 재판이 벌어지면서 수많은 네덜란드인들이 무참히 화형대로 보내졌습니다. 이를 본 오라네 공은 네덜란드인의 편이 되어 스페인 왕에게 반기를 들었습니다. 네덜란드 독립전쟁(1568~1648)은 이렇게 시작되었죠.

　스페인 법정은 오라네 공에게 '반역죄'를 씌우고 결석 재판에서 사형 판결을 내렸습니다. 이에 맞서 네덜란드의 일곱 개 주 대표는 위트레흐트에 모여 오라네 공을 총독(대통령)으로 선출하고 동시에 펠리페 2세의 통치권을 거부하는 결의안을 채택했습니다(1581).

　한 국가의 군주는 신의 명을 받들어 관원과 국민을 모든 부정과 상해, 폭력으로부터 지키기 위해 수장으로 임명되어야 하며, 군주가 하는 일은 양치기가 양을 지키는 것과 같은 일이다. (중략) 만약 군주가 이를 행하지 않고 관원과 국민을 수호하는 대신 억압하고 고통을 가하며 예부터 내려오던 자유와 특권, 관습법을 빼앗고 노예와 같은 삶을 명하고 이용하려 한다면 그는 군주가 아니라 폭군이다. 이에 맞서 국민과 관원이 (중략) 그를 군

주로 인정함을 포기하고 그를 대신해 다른 사람을 세워 백성을 수호해줄 군주로 선택함은 법과 도리에 비추어 인정받아야 마땅하며 잘못된 것이 아니다.　　　　　　　**―〈네덜란드 전국의회 포고〉(1581년 7월 26일)[2]**

이 결의안에서 가장 중요한 부분은 "신의 명을 받들어"라는 부분이에요. '신'을 언급함으로써 국왕의 권력은 절대적이 아님을 시사하고 있죠. 원래 칼뱅의 사상에서는 가톨릭교회의 수장인 로마 교황(법왕)이나 국왕을 '신의 대리인'이라고 인정하지 않습니다. 그리스도인 한 사람 한 사람이 신과 연결되어 있다고 주장하죠.

그리스도인이 따라야 할 가장 중요한 법은 '신의 법'이며 '국왕의 법'은 그 아래에 있습니다. 만약 '신의 법'과 '국왕의 법'이 모순되는 경우에는 한 치의 망설임도 없이 '신의 법'이 우선시되어야 한다는 것이 칼뱅의 주장입니다. 영국의 칼뱅파(청교도)는 국왕 찰스 1세(Charles I, 1600~1649)의 독재에 반기를 들고 청교도 혁명을 일으켰습니다(참고 p.68).

'신의 법'과 '국가의 법'이라는 대립 개념은 고대 그리스에까지 거슬러 올라갑니다. 아테네와 스파르타 같은 독립된 도시국가(폴리스)가 규정한 '인간의 법(노모스)' 위에 신이 정한 '자연의 법(퓨시스)'이 있고, 그 자연의 법은 신이 우리 인간들에게 부여한 이성(로고스)에 의해 발견된다는 개념입니다.

소크라테스(Socrates BC 469?~BC 399)는 이성의 목소리를 '신령의 목소리'로 표현했습니다. 신령의 목소리에 따라 진리를 탐구하고 아테네 지도자들과 논쟁을 벌이던 소크라테스는 아테네 국법을 어겼다는 죄목을 뒤집어쓰고 민중 재판에서 사형 판결을 받게 됩니다(참고 p.45). 그는 아테네 시민의 의무라며 이 판결을 받아들이고 담담히 죽음을 맞이합니다. 반성하는 태도를 보이고 목숨을 구걸해 감형을 청하는 것은 '신령의 목소리'에 위배되는 것이라 거부하고 담담히 죽음을 받아들인 것이죠. 오라녜 공과는 전혀 다른 선택이지만 소크라테스 또한 정의에 순종했다고 볼 수 있습니다.

그 후 알렉산드로스 대왕(Alexandros Ⅲ, BC 356~BC 323)의 동방 정복으로 그리스에서 페르시아, 인도에 걸쳐 대제국을 이룬 헬레니즘 시대에는 스토아학파 철학자들에 의해 도시국가의 틀을 뛰어넘은 '자연법'이 중시되었습니다. 지중해 세계를 통일한 로마 제국 시대에는 시민권을 가지고 있지 않은 외국인에게 적용되는 '만민법'이 제국 공통의 법률로서 시행되기에 이릅니다.

—— 지금으로 말하면 국제법 같은 것인가요?

그렇습니다. 국제법에 대해서는 나중에 다시 설명할 테지만 서로마 제국이 붕괴되고 중세로 넘어가자 가톨릭교회만이 초국가적인 조직으로 존속하게 됩니다(가톨릭이란 '보편적' '세계 공통'이라는 의미). 아우구스티누스(Aurelius Augustinus, 354~430) 같은 신학자들은 '신이 정한 영원불멸의 법(신정법, 神定法)'이 존재한다고 보고 그 가운데에서 인간이 이성을 통해 발견한 것을 '자연법'이라고 칭했습니다.

중세시대를 대표하는 신학자 토마스 아퀴나스(Thomas Aquinas, 1225~1274)는, 인간이 정한 법(실정법)은 《성경》에서 설파하는 자연법을 법적 근거로 삼아야 하며 자연법에 반한 실정법은 무효하다고 주장했습니다.

스페인 신학자 비토리아의 프란치스코(Francisco de Vitoria, 1485?~1546)는 스페인이 아메리카 대륙을 정복하게 된 근거를 자연법에서 구하고 원주민의 권리를 자연법으로 보호하고자 했습니다. 그는 또한 피사로와 같은 스페인 정복자의 비도덕적인 행위를 비판해 라스 카사스(Bartolom de Las Casas, 1474~1566)의 인디오 옹호 운동에도 영향을 미쳤습니다(참고 p.127).

근대의 자연법사상을 이론화시켜 정착시킨 사람은 누가

뭐라 해도 네덜란드의 철학자 휘호 흐로티위스(Hugo Grotius, 1583~1645)라고 할 수 있죠. 그의 생애는 네덜란드 독립전쟁과 완전히 일치합니다. 열네 살에 레이덴 대학을 졸업하고 열여섯 살에 변호사가 될 정도로 뛰어난 수재였죠.

스페인으로부터 독립을 선언한 네덜란드는 신흥 해운 국가로 변모하고 무기를 장착한 상선을 세계에 파견해 적국 스페인의 속령이었던 포르투갈의 식민지를 빼앗습니다. 동남아시아의 말라카 해협에서 네덜란드 배가 포르투갈 배를 나포하는 사건이 일어났는데 이를 변호하기 위해 쓴 책이 바로 《해양자유론》(1609)입니다. 이 책은 '공해(公海)'라는 개념을 제창한 기념비적인 작품이라고 할 수 있죠.

── '모두의 바다'라는 뜻인가요?

그렇습니다. 국가의 주권은 영토 지배에만 국한되고 바다에는 미치지 않았습니다. 스페인과 포르투갈이 제멋대로 세계를 둘로 나누고 네덜란드 배를 나포한 것은 위법이지만 반대로 네덜란드가 포르투갈 배를 나포한 것은 통상의 자유를 지키기 위한 정당방위였다는 논법을 펼치고 있습니다.

'바다는 누구의 것인가?' 하는 논쟁은 그 뒤에 끊임없이 벌어졌습니다. 18세기에는 연안부를 '영해' 중심부를 '공해'로 나누고 영해에만 국가 주권이 미친다는 오늘날의 개념이 정착하게 되었습니다.

말년의 흐로티위스는 국내 정치 투쟁에 휩쓸려 프랑스로 망명하고 그곳에서 그의 대표작《전쟁과 평화의 법》(1625)을 발표합니다. 이 책은 전시에서도 지켜져야 할 규범을 자연법의 견해에서 해석함으로써 훗날 국제법 형성의 기틀을 마련하는 데 지대한 영향을 미쳤습니다(참고 p.137).

이러한 사상이 싹트게 된 것도 그가 네덜란드인이었기에 가능했습니다. 네덜란드가 정치사상의 발전에 끼친 영향은 실로 막대하다고 할 수 있죠.

여기서 다시 본론으로 돌아가 생각해볼 것은 "아이히만은 유죄인가?"에 대한 문제입니다.

'국가의 법' 위에 세계 공통의 자연법이 있다고 가정하면 자연법과 모순되는 '국가의 법'은 무효가 되고 법에 따라야 한다는 의무 또한 소멸합니다. 네덜란드에서 펠리페 2세의 통치권을 부인하고 의결한 것은 '법과 도리'라는 자연법에 따른 것입니다. 오라녜 공의 행동은 스페인 국왕이 정한 법에 비추면 유죄지만 자연법에 따르면 무죄입니다. 아이히만은 자기는 독일 제삼제국(나치 국가) 법에 따라 명령을 충실히 이행했을 뿐이라고 주장했지만 자연법의 입장에서 본다면 엄연히 유죄 판결을 받아 마땅합니다.

　　이러한 자연법사상은 고대 그리스의 '퓨시스'와 '노모스'라는 사상에 기원을 두고 국가를 초월한 그리스도교(가톨릭교회)의 전통 속에서 성장합니다. 그리고 칼뱅파에 의해 세상 권력에 맞서는 사상적 무기로 다듬어져 네덜란드 독립전쟁과 미국 독립전쟁, 그리고 프랑스 혁명의 사상적 원동력을 제공하게 됩니다. 그리고 이는 근대 인권 사상의 초석이 되었습니다.

2

'인권'의 진정한 의미는 무엇인가?

'인권' 사상은 어떻게 싹트게 되었는지
자연법사상을 통해 설명해보자.

학교에서 인권에 대해 배운 적이 있습니까? 그렇다면 왜 인권을 보호해야 할까요?

── 인권은 일본 헌법의 3대 원칙인 기본적 인권, 국민주권, 평화주의 가운데 하나이기 때문입니다.

하지만 헌법도 인간이 만든 것입니다. 이것은 헌법도 바뀔 수 있음을 의미하죠. 가령, 카리스마 넘치는 인물이 나타나 "내가 이 나라를 지키겠다!"고 외치며 헌법을 무효화하고 언론이나 집회의 자유를 빼앗는 일이 벌어졌다고 가정해봅시다. 이 순간 인권은 소멸되나요? 만약 여러분이 공무원이라면 정부에 의한 인권 억압에 가담하겠습니까?

—— 아니요. 그러면 아이히만과 무엇이 다른가요. 거부하거나 도망치겠습니다.

저항할 수 있는 근거는 무엇인가요?

—— 앞에서 언급했던 자연법입니다.

그렇습니다. '인권'의 근거가 되는 것은 인간이 만든 헌법과 법률이 아니라 자연법입니다. 자연(신)이 만민에게 보장하는 권리가 인권(자연권)이라는 사실, 인간이 정부를 수립하고 법률을 규정하는 목적은 인권을 보장하기 위한 것이라는 생각은 바로 여기에서 싹튼 것입니다.

모든 인간은 평등하게 태어났고 창조주는 양도할 수 없는 일정한 권리를 인간에게 부여했으며 생명권과 자유권, 행복추구권은 이러한 권리에 속한다. 이 권리를 보장하기 위해 인간에 의해 정부가 조직되었으며 정당한 정부 권력은 피통치자의 동의로부터 나온다. 어떤 형태의 정부라도 이러한 목적을 훼손하는 경우, 그러한 정부를 언제든지 변혁하고 해체하여

(중략) 새로운 정부를 조직할 수 있는 권리가 바로 인민에게 있다.

　　　　　　　　　　　　　　　　　　—〈**미국 독립선언문**〉[3]

토머스 제퍼슨(Thomas Jefferson, 1743~1826)이 선언한 이 격조 높은 '미국 독립선언'(1776)과 이에 영향을 받아 라파예트(Marquis de LaFayette, 1757~1834)가 선언한 '프랑스 인권선언'(1789)에 명기된 인권의 구체적 내용을 살펴보죠.

- 죽임을 당하지 않을 권리(생존권)
- 노예가 되지 않을 권리(자유권)
- 차별을 받지 않을 권리(평등권)
- 재산을 빼앗기지 않을 권리(소유권)
- 행복을 추구할 권리(행복추구권)

이들 권리를 위협하는 '국가의 법'은 무효이며, 무효로 만들기 위해 인민이 봉기한 사건(미국 독립혁명과 프랑스 혁명)은 정당한 일로, '국가에 대한 저항권'도 인권의 하나라고 여기는 사상입니다. 일본에서는 메이지 초기 자유 민권운동 시절에 후쿠자와 유키치(福沢諭吉, 1835~1901)나 우에키 에모리(植木枝盛, 1857~1892) 등에 의해 '천부인권사상'으로 번역된 바 있죠.

하지만 일본의 역사에서는 (오다 노부나가와 같은 예외를 제외하고) 전제군주가 등장한 적이 없고 시민혁명도 일어난 적이 없어 공동체로서의 국가의식이 강하게 남아 있습니다. 이러한 국가관은 유럽에 존재하는 '국가 유기체설'과 비슷합니다. 군주와 인민이 대립하는 것이 아니라 군주와 국민 모두가 국가의 일부라는 플라톤이나 헤겔(Georg Hegel, 1770~1831)의 국가관과 일치합니다.

도쿄 제국대학 법과 교수인 미노베 다쓰키치(美濃部達吉, 1873~1948)가 제창한 '천황기관설'(통치권[주권]은 법인인 국가에 있으며, 일본 천황은 그러한 국가의 최고 기관으로서 다른 기관의 도움을 얻어 통치권을 행사한다는 논리를 전개한 헌법 학설—옮긴이)은 일본 제국 헌법을 그대로 답습해 만들어졌습니다. 하지만 천황을 절대 군주처럼 신봉하고자 하는 초국가주의자 우익 사상가들에 의해 미노베가 공격을 당하고 헌법을 둘러싼 자유로운 논의는 봉인되고 말았죠.

사회계약설에 토대를 둔 인권사상이 일본인에게 보급되기 시작한 것은 제2차 세계대전에서 패하고 난 이후의 일로, 연합군 최고사령부(GHQ)에 의해 이런 사상이 널리 퍼지기 시작했습니다.

이 헌법에 따라 일본 국민에게 보장되는 기본적 인권은 인류의 자유가 오랜 시간 동안 쌓아온 투쟁의 결과이다. 시간과 경험의 축적 속에서 영속성에 대한 가혹한 시련을 잘 견디어온 대가로서 영세불가침의 권리로 현재 및 장래의 인민에게 신성하게 위탁된 것이다.

— 〈GHQ 일본국헌법초안〉 (제10조)[4]

최고 사령부 맥아더 산하에 있던 GHQ 민정국 국장을 역임한 휘트니(Courtney Whitney, 1897~1969)의 손에 의해 영문으로 쓰인 원안이 거의 그대로 일본국 헌법으로 공표되었습니다.

이 헌법이 일본 국민에게 보장하는 기본적 인권은 인류가 오랜 세월 동안 자유 획득을 위해 노력한 성과이며, 이러한 권리는 과거 수많은 시련을 이겨내고 침해할 수 없는 영구한 권리로서 현재와 미래의 국민에게 신탁된 것이다.

— 〈일본국헌법〉 (97조)

"인권을 수호하자", "차별을 하지 말자"와 같은 교육이 전후(戰後) 끊임없이 이루어졌지만 "그 근거는 무엇인가?"라는 물음에 인간이 만든 법이라고 답하는 것은 이상한 이야기일지도 모릅니다. 일본인은 지금도 인권(자연권)의 진정한 의미를 이해하지 못하고 있어요.

이것은 일본인이 사상적으로 열등해서가 아닙니다. 자연을 신성시하는 다신교의 전통이 중시되어 그리스도교가 뿌리 내리지 못한 일본 사회에 유일신적인 '신의 법'에 근거한 인권 사상이 제대로 침투되지 못한 것은 어찌 보면 자연스러운 일이죠. 나무에 대나무를 접목시키기 어려운 것처럼 말예요.

그렇다면 일본국 헌법이 공표되기 전에 일본 사회에서 인권은 완전히 무시되었느냐 하면 결코 그렇지는 않습니다. 일본은 그리스만큼은 아니어도 서구 제국에 필적할 만한 길고 유구한 역사를 가진 나라입니다. 그 유구한 역사 속에서 국가 권력의 횡포를 막고 국민들의 행복을 확보하기 위한 관습법이 싹트고 자랐습니다. 가마쿠라(鎌倉) 막부가 제정한 '어성패식목(御成敗式目, 1232년 무가 사회의 관습에 입각하여 처음으로 막부가 제정한 51개조의 기본 법전—옮긴이)을 보면 슈고(守護, 모반인이나 살인자의 검거 등을 담당한 관직—옮긴이), 지토(地頭, 전국의 장원에 두었던 관직. 장원을 관리하고 조세의 징수, 치안 유지 등을 담당하던 관직—옮긴이)에 의한 세금 징수 횡포를 금지하고 노예 매매를 제한하는 규정도 있습니다.

3

폭주하는 '세계 최고의 민주주의'

고대 그리스 민주주의의 실태와
이를 비판한 플라톤의 사상에 대해 알아보자.

일본국 헌법의 또 하나의 기둥인 국민주권에 대해서는 어떻게 배웠나요?

── '국민이 주인공인 정치.' 전쟁이 일어나기 전에 천황이나 군부가 무엇이든 다 결정하는 것이 아니라 국민이 정하는 정치라고 배웠습니다. 한마디로 이것이 민주주의 아닐까요?

그렇다면 민주주의는 어떤 식으로 현상과 상황을 판단하고 결정할까요?

── 다 함께 토의를 거쳐 다수결로 결정합니다.

이때 우리는 '다수결로 결정된 사항은 언제나 옳은가?' 하는 문제에 부딪히게 됩니다. 이 문제를 풀기 위해 민주주의가 시작된 시대로 거슬러 올라가 생각해보도록 합시다.

로마 귀족 타키투스(Publius Cornelius Tacitus, 55?~117?)가 쓴《게르마니아》에는 1세기경의 고대 게르만인(현재의 독일인과 영국인)의 사회 구조가 생생하게 그려져 있습니다.

작은 일은 수장들이, 큰 일은 (부족의) 거주민 전체가 심의를 거친다. (중략) 그들은 일정한 시기 즉 신월과 만월의 때를 보고 모인다. (중략) 그들은 무장한 채 자리에 앉는다. (중략) 신관들에 의해 침묵 명령이 내려지고 때로는 수장들이 연령의 많고 적음, 신분의 높고 낮음, 공적의 많고 적음, 언변 실력에 상응해 명령의 힘보다는 설득의 권위를 내세워 (발언해) 경청을 유도한다. 만약 그 의견이 뜻에 반할 때, 청중은 술렁거리나 이것을 일축한다. 하지만 뜻에 맞는 경우 창을 두드리며 찬성의 뜻을 전한다. 가장 명예로운 찬성 방법은 무기를 가진 상태에서 칭찬하는 것이다.

— **타키투스,《게르마니아》(11-5)**[5]

로마 제국도 고대에는 원로원에 소속된 300명의 귀족의 합의제에 의해 국가를 운영했습니다. 그러다가 점차 영토와 빈부의 격차가 확대됨에 따라 평민으로부터 열광적인 지지에 힘입

어 카이사르(Gaius Julius Caesar, BC 100~BC 44)나 아우구스투스(Augustus, BC 63~AD 14)와 같은 군인 정치가가 등장하고 제정(군사독재체제)을 수립하게 됩니다. 제정 시대를 살았던 원로원 의원 타키투스는 원로원이 통치하던 고대 로마를 이상적인 국가 형태로 보았는데 북방의 야만 민족이었던 게르만 사회가 로마 시대와 비슷한 통치 방법으로 운영되는 것을 보고 이에 공감했던 것이죠.

열대 아프리카나 뉴기니, 아마존 같은 이른바 미개 사회에서도 독재자가 존재하지 않고 부족원에 의한 합의제를 통해 문제를 해결하고 중요한 사안을 결정하는 것이 일반적이었습니다.

—— 일본은 어땠나요?

조몬(繩文) 시대나 야요이(弥生) 시대에 의사 결정이 어떻게 이루어졌는지에 대한 기록은 남아 있지 않습니다. 공동체에서 힘을 가진 사람을 중심으로 합의제가 이루어지지 않았을까 신화를 통해 추측할 뿐이죠.

《고지키(古事記, 고대 일본의 신화와 전설 등을 기술한 책)》에 의하면 아마테라스 오미카미(天照大神, 일본의 신화에 등장하는 태양의 여신)의 동생 스사노오(須佐之男)가 천상계인 다카마가하라에서 자주 횡포를 부렸는데 이에 골치를 앓던 신들이 모여 스사노오를 다카마가하라에서 추방하기로 결정했다는 기록이 있어요. 이것이 일본에서 가장 오래된 '민주적인 의사 결정'에 관한 기록이죠.

쇼토쿠타이시(聖德太子, 574~622)의 〈17조 헌법〉이 "화합하는 마음으로 존중하며…"로 시작하는 것도 이처럼 고대의 합의제가 있었음을 반증합니다. 혼자가 아닌 공동체 전체의 화합에 의해 사안을 결정하는 것이 민주주의의 원형이라고 한다면 민주주의는 원시 사회에서도 인류 공통의 시스템으로 작용했던 것으로 보입니다.

하지만 문명사회에 들어서면서 문자나 관료 제도를 기반으로 권력의 집중 현상이 벌어지고 신의 화신 혹은 신의 대리인을 자칭하고 나서는 전제군주적 왕권이 나타나게 되죠. 고대 이집트의 파라오(왕)나 진나라의 시황제(始皇帝, BC 259~BC 210)와 같은 독재 권력이 그것입니다.

—— 독재보다 민주주의의 역사가 더 오래되었다는 말인가요?

하지만 그리스 문명처럼 문명사회로 이행하면서도 민주주

의의 전통을 유지하고 오히려 강화시킨 특이한 문명도 있어요.

수많은 섬들로 이루어져 있고 산이 해안까지 뻗어 평지가 거의 없는 그리스에서는 통일 국가를 형성하기가 매우 어려웠죠. 그래서 수백 명 혹은 수천 명, 많은 경우 수십만 명의 도시 국가(폴리스)가 형성되었고 그들 사이에서 끊임없이 전쟁이 벌어졌습니다.

남자들은 모두 무기를 들고 힘을 모아 성벽을 쌓고 폴리스를 지켰어요. 전사만이 폴리스 시민이며 그들에게만 참정권이 주어졌습니다. 아테네에서는 열흘에 한 번 정도 마을 중심에 자리 잡은 광장에 모여 시민집회(민회)를 열어 법을 정하고 대표를 선출했습니다.

아테네처럼 왕이 존재하지 않고 민회를 통해 선출된 집정관이 정권을 쥐는 경우도 있지만 반면 스파르타처럼 왕은 단순히 군사 지도자에 불과하고 중요 사안은 민회의 결정에 따르는 경우도 있었습니다. 어떤 경우든 독재적인 왕이 존재하지 않았다는 것이 고대 그리스 도시국가의 특징이죠.

민회와 더불어 장로나 귀족이 모여 만든 귀족 의회가 있어 최고 결정 기관인 민회의 폭주를 막는 역할을 했습니다. 이원제에 가까운 형태였던 것이죠.

아테네에 관한 이야기를 더 해보죠. 원래 아테네 시는 성벽 안쪽에만 자리 잡고 있었고, 이곳에 사는 사람들만을 아테네 시민이라고 불렀습니다. 그러나 아테네가 발전을 거듭함에 따라 이 영역이 성벽 밖으로까지 확대되어 이주자들도 늘어났죠. 성벽 바깥에 거주하는 사람들에게는 참정권이 없었지만 무기를 구입한 일부 부유층들은 아테네 군사의 보병으로 나선 대가로 참정권을 요구하기 시작했고 이에 기원전 6세기 무렵 솔론(Solon, BC 640?~BC 560?)이라는 정치가는 부유층에 한해 참정권을 인정했어요. 당연히 빈곤층의 불만이 커질 수밖에 없었죠.

이런 상황에서 빈곤층이 품은 불만에 불을 지피고 혁명을 일으켜 귀족을 타도하자고 외친 야심가가 있었는데 그가 바로 페이시스트라토스(Peisistratos, BC 600?~BC 527)입니다. 그는 귀족을 몰아내고 귀족들의 재산을 하층민에게 나눠주었어요. 그리고 그들의 광적인 지지를 바탕으로 그때까지 유지해오던 아테네 법률을 모두 폐지하고 독재 체제를 수립했습니다.

민중의 불만을 부채질해서 독재권력을 손에 쥔 페이시스트라토스는 훗날 로베스피에르(Maximilien de Robespierre, 1758~1794)(참고 p.93)나 히틀러, 마오쩌둥의 원형이 된 인물입니다. 이러한 정치가를 그리스어로 티라누스(tyrannos), 우리말로는 참주 혹은 폭군이라고 합니다. 영어의 티라니(tyranny) 즉, 독재정치라는 단어도 여기에서 비롯된 것이죠.

참주정치에 고통을 당하던 아테네 시민은 이와 같은 일이 다시는 반복되지 않도록 새로운 시스템을 고안했습니다. 원래 참주는 빈곤층으로 분류되는 민중의 지지를 등에 업고 권력을 쥔 사람들입니다. 하지만 민중이 잘못된 선택을 할 때도 있기에 한 번 선출한 정치가라고 해도 문제가 생기면 그것을 취소할 수 있는 시스템을 구축했던 것입니다.

── 지금으로 말하면 주민 투표로 시장의 직위를 해직시킬 수 있는 리콜과 같은 제도인가요?

구체적으로 말하면 해직시키고 싶은 정치가의 이름을 투표 용지(종이가 없던 시절이므로 도자기 조각)에 새겨 투표했다고 해요. 6,000표를 넘으면 유효가 되고, 그 가운데 최다 득표수를 얻는 사람은 10년간 아테네 시에서 추방시켰습니다. 이것을 도자기 조각을 썼다고 해서 '도편 추방'이라고 합니다.

이런 시스템을 구축한 사람은 클레이스테네스(Cleisthenes, BC 570?~BC 508?)였습니다. 그는 어떤 집안에 태어났느냐에 따라 신분이 좌우되는 귀족 제도를 폐지하고 하층민에게도 민회에서 투표할 수 있는 권리를 부여했습니다. 하지만 입후보할 수 있는 권리까지는 인정하지 않았죠. 무기를 살 수 없을 정도로 가난하면 군사 업무에 참여하지 못할 뿐 아니라 참주에게 열광했던 모습을 보면서 정치적인 판단 능력이 떨어진다고 생각했기 때문입니다.

그런데 페르시아 제국(아케메네스 왕조)과의 전투를 통해 정세가 크게 달라졌습니다. 아테네가 페르시아 군에게 일시 점령당한 것으로도 모자라 파르테논 신전까지 약탈당하고 불에 탈 정도로 큰 피해를 입은 것이죠.

승패를 결정지은 것은 해전이었습니다. 당시 군함은 수많은 노를 실은 갤리선이었는데, 당연히 전투 인원만큼 노를 젓는 사공들도 필요했어요. 무기를 살 수 있는 부유층 남자들은 모두 전투원으로 투입되어야 했기 때문에 노를 젓는 일은 하층민 계급 남자들이 할 수밖에 없었습니다.

아테네 시의 서쪽으로 들어가는 포구에서 벌어진 '살라미스 해전'(BC 480)에서 아테네군의 대승에 공헌한 사람들은 다름 아닌 노를 젓던 하층민들이었습니다. 이를 계기로 살라미스 해전이 끝난 뒤 귀족 의회는 권한을 박탈당하고 하층민도 참가할 수 있는 민회가 아테네의 최고 기관으로 자리 잡게 되었고 하층민도 정치가로 입후보할 수 있는 권리를 획득하게 되었습니다.

── 하층민도 정치가로 입후보할 수 있게 되다니 정말 대단한 나라가 아닐 수 없네요.

하지만 여기서 문제가 생겼습니다. 당시 선거에서는 후보자가 시민들을 자택에 초대해 음식을 먹이고 투표를 부탁하는 일이 공공연히 행해지고 있었습니다. 공직선거법이 없었기 때문이죠. 이런 분위기에서는 한 사람이라도 더 많이 먹고 마시게 해준 부유층 후보가 압도적으로 유리할 수밖에 없었습니다. 이런 폐해를 없애기 위해 모든 공직자를 투표가 아닌 제비뽑기로 선출하게 되었고 그 결과 재산에 관계없이 누구나 정치가가 될 수 있었습니다. 아테네 민주 정치의 완성이죠.

이 시스템을 완성한 사람은 페리클레스(Perikles, BC 495?~BC 429) 장군이었습니다. 하지만 그는 군 사령관만큼은 추첨이 아니라 종래대로 선거로 선출해야 한다고 주장했습니다. 군사 제도에 대해 아무것도 모르는 사람이 제비뽑기로 뽑혀 군을 지휘할 수는 없다고 생각했기 때문입니다.

그 결과 집정관을 비롯한 모든 정치 업무는 추첨을 통해 뽑힌 사람들이 맡게 되었지만 군 사령부만큼은 선거로 선출된 전문 군인들이 지휘하게 되었어요. 이런 상황에서 막대한 자산을 쥔 덕분에 수많은 시민을 접대하여 15년간 최고 자리에 올

랐던 사람은 다름 아닌 페리클레스 본인이었습니다. 그리고 정치가를 제비뽑기로 선출하자는 주장을 펼친 사람은 페리클레스의 친구이자 군인이었던 역사가 투키디데스(Thukydides, BC 460?~BC 400?)였습니다.

—— 페리클레스 본인이 민주주의를 전혀 신용하지 않았다는 말인가요?

그렇죠. 정치가들을 추첨으로 뽑기 시작하면서 최고 결정 기관인 민회에서는 읽지도 쓰지도 못하는 하층민 정치가가 다수를 차지하게 되었습니다. 페리클레스는 스스로 지도자가 되어 민주 정치의 약점을 보강하고자 했어요. 하지만 이것은 페리클레스와 같이 유례가 드문 탁월한 정치가가 있어야만 성립할 수 있는 위험한 시스템이 아닐 수 없죠.

아테네의 최대 라이벌이었던 스파르타는 인구의 10퍼센트도 되지 않는 스파르타 시민만이 민회에 참가할 수 있는 과두 정치(소수의 우두머리가 국가의 최고 기관을 조직하여 행하는 독재적인 정치 체제─옮긴이)를 펼쳤습니다. 과두 정치에서 과(寡)는 '적은 수'를 의미해요. 한마디로 소수의 정치라는 의미죠.

그 후 그리스의 패권을 둘러싼 아테네와 스파르타의 전쟁

(펠로폰네소스 전쟁, BC 431~BC 404)이 촉발되고 스파르타 육군에 포위된 아테네 해군은 함대결전(함대를 이용한 전면 전쟁 ─ 옮긴이)으로 승리를 거머쥐고자 했습니다.

스파르타와의 전쟁이 시작될 무렵 전역자에 대한 추모 연설을 통해 페리클레스 장군은 이렇게 선언합니다.

우리 정치 체제는 타국의 제도를 추종하지 않는다. 타국의 이상을 좇는 것이 아니라 타국으로 하여금 우리의 정치를 모범으로 삼게 해야 한다. 소수자에 의해 독점되는 것을 막고 모두에게 평등함을 추구하는 일에 뜻을 둘 때 비로소 민주 정치라 일컬을 수 있다. (중략) 한 사람의 재능이 뛰어남을 세상이 알게 되면 (중략) 세상이 인정하는 그 능력에 공공의 높은 지위를 부여한다. 또한 비록 빈궁한 출신으로 세상에 나왔다 할지라도 나라의 이익을 드높일 수 있는 힘을 가지고 있다면 빈곤하다는 이유로 문이 닫히는 일은 없다.
　　　　　　　　　　　　　　　　　─투키디데스,《전쟁사》(37장)[6]

스파르타는 육군이 강한 나라며 아테네는 해군이 강한 나라였습니다. 페리클레스는 육지에서의 전투는 불리하다는 것을 알고 주민을 모두 성벽 안쪽으로 이주시킨 뒤 해전에서 승부를 내기로 결정했습니다.

그런데 여기서 예상 밖의 일이 벌어집니다. 피난민으로 넘치던 아테네 시 성벽 안에서 정체를 알 수 없는 전염병이 돌아 (페스트라고 말하는 사람도 있고 천연두라고 말하는 사람도 있습니다.) 시민의 삼분의 일이 희생되고 말았죠. 더 치명적인 것은 지도자인 페리클레스도 감염되어 병사하고 만 거예요.

페리클레스가 없는 아테네에서는 교양도, 경험도 없이 언변에만 능통한 정치가들이 나타나 민회를 선동하고 나서기 시작했습니다. '사공이 많아 배가 산으로 가는 상태'에서 갈피를 잡지 못하던 아테네는 결국 멸망의 길로 접어듭니다. 이것을 이성보다 일시적 충동에 의해 좌우되는 어리석은 대중들의 정치인 '중우 정치(衆愚政治)' 즉, 바보 정치라고 합니다.

—— 구체적으로 어떤 일이 벌어졌나요?

아테네에서 전염병이 돌면서 전쟁의 형세가 스파르타 쪽으로 기울자 그때까지 아테네 편에 서 있던 다른 도시국가들이 스파르타 쪽으로 붙기 시작했습니다. 에게 해의 북동부 레스보스 섬의 중심 도시 미틸레네도 아테네에 반기를 들었지요. 격노한 아테네는 함대를 보내 미틸레네를 포위했고, 스파르타로부터 지원군이 오지 않아 식량을 보급받지 못한 미틸레네는 결국 아테네에 항복하고 말았습니다.

아테네 민회에서는 미틸레네를 어떻게 처리할지를 둘러싸고 격론이 이어졌습니다. 혁신파 출신의 정치가 클레온(Kleon, ?~BC 442)은 미틸레네의 배신 행위를 크게 규탄하면서 미틸레네에 거주하는 성인 남자는 모두 사형에 처하고 부녀자들은 노예로 삼아야 한다로 주장했습니다. 민회는 논의 끝에 클레온의 주장을 가결시키고 그 결과를 통보할 전령을 미틸레네에 파견했습니다.

그런데 다음 날이 되자 시민들 사이에서 '어제 결의는 지나치게 가혹한 것 같다'는 의견이 나오면서 재심의가 벌여졌고 그 결과, '미틸레네의 지도자들만 처형한다'는 새로운 판결이 내려졌습니다. 일이 이렇게 되자 형이 집행되기 전에 새로운 전령을 보내 미틸레네에 새로이 결의된 안을 전달해야 했습니다. 뱃사공들에게 어제 떠난 사람들보다 먼저 도착하면 보너스를 두둑이 주겠다는 포상을 걸어 서두르게 했습니다. 다행히 배는 처형이 막 시작되려는 순간 아슬아슬하게 미틸레네 항구에 닿았습니다. 위기일발의 순간, 미틸레네 주민들은 목숨을 건질 수 있었죠.

'미틸레네에 거주하는 남자를 전원 사형에 처한다'고 결의한 것도 아테네 시민의 민의요, '지도자만 처형한다'는 것도 아테네 시민의 민의였습니다.

— 하룻밤 사이에 민의가 뒤집어진 건가요?

이런 일도 있었습니다. 적군 스파르타도 기나긴 전쟁으로 온 나라가 피폐해지자 아테네에 평화 협정을 맺자는 전령을 보냈습니다. 전쟁을 끝내야 할지 지속해야 할지를 두고 아테네 민회에서는 또 다시 격론이 벌어졌죠. 악기점 출신의 정치가 클레오폰(Cleophon, ?~BC 405)은 철저하게 항쟁할 것을 주장했습니다. 그러자 이에 선동된 민회는 스파르타에서 온 평화 협정안을 거절하기로 결정했습니다. 이로 인해 아테네는 화해할 기회를 잃고 전쟁은 장기화되었습니다.

클레온과 클레오폰 같은 정치가는 모두 기술자인 하층 계급 출신으로, 정치적 경험도 없이 달변으로만 정치가가 된 사람들입니다. 출신과 신분에 상관없이 자유롭게 발언할 수 있었던 아테네 민회에서 그들은 그야말로 '물 만난 고기'였습니다.

이들처럼 인기에만 편승해 늘 강경한 의견을 내놓으며 민심을 좌지우지한 선동 정치가를 그리스어로 데마고고스(domagogos), 독일어로는 데마고그(demagogue)라고 합니다. '민중'을 의미하는 '데모스(demos)'와 '리더'를 의미하는 '고고스(gogos)'를 합한 말이에요.

펠로폰네소스 전쟁 말기에 형세 역전을 노린 아테네는 150척의 군함을 만들어 스파르타를 상대로 크게 승리를 거둡니다 (아르기누사이 해전, BC 406). 하지만 기쁨도 잠시, 일순간에 모든 것이 비극으로 변합니다. 승리 직후 몰아친 거센 폭풍우로 아테네군은 25척의 군함을 잃고 수많은 병사가 희생되고 만 것이죠.

보고를 받은 민회는 격노하면서 '병사들을 구조하는 데 태만했다'는 죄목을 씌워 여섯 명의 지휘관을 심판하기에 이릅니다. 아테네에서는 재판관도 모두 시민들 가운데 선출된 사람이었습니다. 판결은 사형. 해전을 승리로 이끈 장군들은 격노한 아테네 시민들로 인해 사형에 처해졌습니다. 이로 인해 지휘부를 잃은 아테네 해군은 세력을 잃고 다음 해 아이고스포타모이 해전에서 스파르타 군에 대패하고 열두 척의 군함을 빼앗겼습니다. 사실상 파멸에 이른 것이죠.

결국 아테네는 스파르타에 항복하고 스파르타의 장군이 아테네로 입성해 주전파(민주파)를 숙청하게 됩니다. 아테네는 민주 정치에 의해 자멸한 것이나 마찬가지였습니다. 하지만 아이러니하게도 이런 중우 정치가들은 한 사람의 위대한 사상가를 탄생시키는데, 그가 바로 소크라테스입니다.

소크라테스는 석공의 아들로 태어났습니다. 하층 계급이라는 신분만 보면 데마고고스와 다를 바 없지만 소크라테스는 뛰어난 언변을 이용해 권력과 명성을 얻으려고 노력하지 않았습니다. 그 대신 자신의 마음속에서 우러나는 소리, 그의 표현을 빌리자면 '다이모니온(daimonion)', 즉 '신령의 소리'에만 의지해 행동했으며 그로 인해 본인의 정치적 입지가 위험해 처해지는 것을 두려워하지 않았습니다.

— 요즘 말로 하면 '양심에 따라' 말하고 행동했다는 말인가요?

그렇습니다. 제대로 된 교육을 받지 못한 소크라테스에게 아테네 광장은 학교와 같았죠. 그곳에서 시민들과 대화를 나누며 상대방의 모순을 꿰뚫었고 그 전까지 알고 있던 상식에 의문을 품기 시작했습니다. 그의 대화법은 많은 아테네 시민을 적으로 만들었지만 동시에 젊은 층으로부터는 열광적인 지지를 받았습니다.

하지만 때는 중우 정치가 판을 치던 시대. 소크라테스는 스파르타와의 전쟁을 부채질하는 자들을 비판하는 발언을 서슴지 않았으며 해군 사령관들이 처형당하는 재판에서도 반대표를 던졌습니다. 이것은 아테네 민회에서 다수파(민주파)의 증오를 사기에 충분했습니다.

중우 정권과 대립해 외국으로 도망을 쳤다가 스파르타 군이 아테네를 점령한 것을 계기로 귀국한 소크라테스의 제자 크리티아스(Critias, BC 460~BC 403)는 스파르타 점령관과 협력해 '30인 독재'라 불리는 친스파르타파의 과두 정권을 수립하고 민주파를 상대로 엄청난 탄압을 자행했습니다.

아테네 민중은 30인 독재를 혐오했으며 이런 분위기에서 틈을 노리던 민주파가 봉기해 정권을 탈환했죠. 스파르타 왕은

'친스파르타파에 보복하지 않겠다'는 조건으로 민주파의 복권을 용인했습니다.

하지만 복권한 민주파 정권은 이 약속을 어기고 소크라테스를 고발합니다. 친스파르타파의 정신적 지도자였던 소크라테스는 민주파의 눈엣가시 같은 존재였기 때문이죠. 하지만 보복하지 않겠다는 스파르타 왕의 약속을 지키기 위해 민주파는 그를 "국가가 공인한 신을 부정하고 새로운 신령을 도입해 청년들을 타락시켰다"는 혐의로 고발했습니다.

— 그건 말장난에 불과한 것 같아요.

제자 플라톤은 이 재판을 두고 훗날 자세한 기록을 남기는데 그것이 《소크라테스의 변명》입니다. 이 책에서 소크라테스는 본인에게 적용된 혐의를 하나하나 반박합니다. 그리고 자신은 신이 내려준 사명을 받들어 행동하고 있을 뿐이라는 것, 그것은 아테네 시민을 눈뜨게 하고 인도하는 일이며 자신은 움직임이 둔한 말과 같은 아테네를 일깨우기 위해 아픈 곳을 찌르는 등에와 같은 존재라는 것, 자신은 조국 아테네를 위해 싸운 애국자라는 것, 어떤 판결이 내려져도 자신은 죽음이 두려워 신념을 저버리는 일은 하지 않겠다는 것을 담담한 어조로 변론합니다.

드디어 판결이 내려졌습니다. 500표 가운데 361표 찬성으로 사형이 확정되었죠. 제자 플라톤은 소크라테스에게 탈주를 권했으나 그는 이를 거부하고 "악법도 법이다"라는 명언을 남긴 채 판결을 받아들여 죽음을 맞이합니다.

죽음을 피하는 일은 어려운 일이 아니다. 오히려 악을 피하는 일이야말로 훨씬 더 어려운 일이다. 그것은 죽음보다 더 빨리 달려오는 것이기 때문이다. (중략) 나는 지금 여러분에게 사형을 선고받았다. 그러나 그들은 진리로부터 천열(인품이 낮고 옹졸함)과 부정이라는 죄를 선고받고 이곳을 떠나게 될 것이다. 나는 이 판결에 따라 가야 할 때가 왔다. 그들 또한 그리될 것이다. 그들에게는 이외에 다른 길은 없다. 그리고 이것으로 나는 만족한다. **— 플라톤, 《소크라테스의 변명》(29-7)[7]**

스승 소크라테스의 마지막 모습에 충격을 받은 플라톤은 아테네 민주 정치에 절망해 다른 도시들을 방랑하다 아테네 성 외곽에 있는 '아카데모스의 숲'에 학교를 열었는데 이것이 아카데메이아(academia)입니다. 영어의 아카데미(academy, 학회), 아카데믹(academic, 학문적인)은 여기에서 비롯된 것이죠.

소크라테스는 단 한 권의 저서도 남기지 않았습니다. 소크라테스의 사상은 모두 그의 제자 플라톤에 의해 기록되어 플라톤의 저서를 통해서만 알 수 있죠. 플라톤은 그의 사상을 소크라테스와 제자들의 대화 형식으로 풀어냈습니다. 플라톤은 지금의 처참한 현실 세계를 신이 만들어준 이상 세계(이데아)가 지상에 투영된 불완전한 그림자라고 설파했습니다.

―― 현실 속에 존재하던 아테네의 중우 정치를 혐오했다는 말인가요?

오래 전 이데아에 살고 있던 인간의 영혼이 지금은 지상에 속박되어 있습니다. 하지만 인간은 이성을 작동시켜 이데아를 직관해 무엇이 진리인지를 알 수 있죠. 이런 이성에 따라 행동하는 인간이야말로 소크라테스와 같은 철학자(철인, 哲人)이며 감정에 지배되어 사는 민중은 철인의 지도를 받아야 한다고 플라톤은 생각했습니다.

플라톤은 "이성은 인간의 머리를 지배하며 몸은 감정에 따라 움직인다. 머리가 몸을 통치하기에 인간인 것이며 몸이 모든 것을 지배한다면 동물과 다를 바 없다. 마찬가지로 철인이 민중을 통치하는 것이 이상 국가이며 민중이 통치하는 국가는 올바른 길로 나아가지 못한다. 이것이 아테네 민주 정치다"라고 날카롭게 비판했습니다.

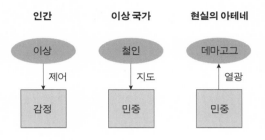

"철학자들이 국가의 왕이 되어 통치하지 않는 한"이라고 나는 말했다. 현재 왕 또는 권력자라 불리는 사람들이 진실로 깊이 철학하지 않는 한, 즉 정치적 권력과 철학적 정신이 일체화되지 않는 한, (중략) 국가의 불행이 그칠 날이 없으며 인류도 이와 마찬가지라고 나는 생각한다

— 플라톤, 《국가》(5-18)[8]

── 이것은 마치 독재를 인정하는 것 같은 느낌이 들어요.

플라톤은 소크라테스의 재판을 보고 충격을 받은 뒤 민주정치에 절망하고 철인왕(哲人王)이 이끄는 독재를 꿈꾸게 됩니다. '철인(哲人) 국가'를 실현해야 한다고 믿었던 플라톤은 시칠리아 섬에 자리 잡은 유력한 도시국가 시라쿠사에 초대되었고 젊은 참주 디오니시우스 2세(Dionysius Ⅱ, BC 397~BC 343)를 이상적 군주로 삼기 위해 노력했습니다. 하지만 디오니시우스는 그저 그런 평범한 인물로, 본인의 권위를 높이기 위해 그리스의 학자를 관정에 놓고 싶었을 뿐이었다는 사실에 실망하고 시라쿠사를 떠납니다. 결국 '철인 정치'는 실현되지 못한 것이죠.

플라톤의 마지막 저작인 《법률》을 보면 페르시아 군주정의 쇠퇴와 아테네 민주정의 붕괴를 비교하며 전제와 자유의 양극을 피해 군주 정치와 민주 정치의 혼합 정치 체제를 옹호하는 입장으로 태도가 달라진 것을 알 수 있습니다.

끊임없이 이상을 추구하며 좌절한 플라톤을 보고 현실주의자였던 제자 아리스토텔레스(Aristoteles, BC 384~BC 322)는 세계의 여러 국가 체제를 비교, 분류해 《정치학》으로 정리했습니다. 여기에서는 한 사람의 지배, 소수의 지배, 다수의 지배라는 세 가지 분류와 함께 공익을 위한 지배, 사적인 이익을 위한 지배라는 두 가지를 설정해 다음 여섯 가지로 국가 체제를 분류했습니다.

	한 사람의 지배	소수의 지배	다수의 지배
공적 이익을 위한 봉사	군주제	귀족 정치	민주 정치
사적 이익을 위한 봉사	참주 정치	과두 정치	중우 정치

플라톤의 곁을 떠난 아리스토텔레스는 신흥 대국 마케도니아의 왕 필리포스 2세(Philippos Ⅱ, BC 382~BC 336)의 초대를

받고 당시 열세 살이었던 왕자 알렉산드로스의 가정교사로 고용되었습니다. 부왕 필리포스가 암살되어 스무 살에 즉위한 알렉산드로스는 페르시아 제국을 정복하고 그리스와 오리엔트를 통일하죠. 원정을 일삼던 알렉산드로스는 서른두 살에 삶을 마감하고 말았지만, 그가 조금 더 오래 살았더라면 이상 국가를 실현할 수 있었을까요?

플라톤이 말년을 맞이했을 무렵, 그가 이상으로 삼았던 혼합 정치 체제를 어느 정도 실현한 나라가 있었는데, 바로 로마였습니다. 왕과 같은 역할을 했던 집정관, 귀족회의의 원로원, 민주 정치를 실현하는 평민회를 두고 각각의 기관이 서로를 견제하며 권력을 분산하는 로마 공화정의 통치 형태는 지금의 삼권 분립이라 불리던 형태와 비슷하죠.

하지만 도시국가로 출발한 로마가 이탈리아 반도를 통일하고 마지막에 지중해 전역을 통합하는 대제국으로 성장해감에 따라 민회에 모든 시민이 모여 합의하는 형식의 정치 형태는 사라졌습니다.

── 로마 제국 전체 시민이 모이는 것은 불가능해 보이는데요.

이탈리아 본토 이외의 속주(식민지)에 사는 사람들은 시민권을 가지고 있어도 투표할 수 있는 기회는 없었습니다. 이렇게 로마의 민주주의가 유명무실해지는 과정에서 속주의 지위가 경제적으로 향상되었고 각 속주에서 황제를 선출하여 복수의 황제들이 정통성을 다투는 내란의 시대(군인 황제 시대)를 맞이하게 됩니다. 군인 황제 시대에 접어들면서 황제 권력의 정통성은 시민 집회에 의한 선거로 위임받는 것이 아니라 신으로부터 부여받는 것이라고 재정의하는데, 그가 바로 디오클레티아누스(Gaius Aurelius Diocletianus, 245~316?) 황제예요.

이후 로마 제국은 고대 이집트나 페르시아와 같은 전제군주체제로 이행하게 됩니다. 콘스탄티누스(Constantinus I, 274~337) 황제는 그리스도교에서 황제 권력의 정통성을 찾기 위해 교회와 국가 권력을 결탁시키기 시작했습니다.

이렇게 해서 고대 그리스 이래 이어져온 민주주의는 일단 사멸하게 됩니다.

교회와 싸우는 왕들

교회 권력과 국가 권력 사이에서
국가주의의 개념이 수립된 개요에 대해 알아보자.

고대의 민주주의가 죽었다면 현재의 민주주의는 언제 다시 시작되었을까요? 지금부터 그 얘기를 해보겠습니다. 무대는 중세 유럽으로 옮겨집니다.

민족 대이동으로 서유럽 제국이 와해된 후 중세에서는 오랫동안 '무정부 상태'가 지속됩니다. 게르만의 부족장들이 '영국 왕', '프랑스 왕', '독일 왕'을 자칭하고 나섰지만 왕권은 두 가지 방향으로 제한되어 있었습니다. 하나는 로마 교황에 의한 '위로부터의 제한' 또 하나는 봉건 제후에 의한 '아래로부터의 제한'이죠. 이런 상황에서는 왕권 독재가 불가능했어요.

로마 시는 예수 그리스도의 후계자로 알려진 성 베드로(Petros, BC 10~65)가 순교한 곳입니다. 폭군으로 알려져 있는

5대 황제 네로(Nero Claudius, 37~68)에 의해 로마 대화재의 방화범으로 체포된 베드로는 로마의 서바티칸 언덕의 경기장에서 공개 처형되고 사체는 지하에 매장되었습니다.

3세기 콘스탄티누스 황제가 그리스도교를 공인하자 바티칸에 있는 베드로의 묘 위에 성 베드로 대성당이 건립되고 예수(Jesus, BC 4?~AD 30?)가 순교한 땅 예루살렘과 비견할 만한 성지가 되어 수많은 순례자들이 바티칸을 찾게 되었죠. 그러자 교회를 수호하는 로마 황제가 서유럽 그리스도교 세계 전체의 최고 권위자로 추대받게 되었습니다.

게르만의 왕들도 자신들의 권위를 얻기 위해 교황에게 접근했어요. 프랑스, 독일, 이탈리아를 통일한 프랑크족의 왕 카롤루스 대제(Carolus, 742~814)는 800년 크리스마스에 바티칸에서 제관식을 거행합니다. 신의 대리인인 로마 교황의 손을 빌려 제관을 수여받은 것이죠.

— 황제보다 로마 교황의 권위가 더 높았다는 말인가요?

카롤루스의 후계자인 독일의 왕들도 로마에서 제관식을 거행하고 '성지 로마의 황제'라고 불리게 됩니다. 동시에 영국 왕은 캔터베리 대주교, 프랑스 왕은 랑스 대주교 손에 의해 왕관을 수여받았습니다. 대주교를 임명하는 사람은 교황이므로 교황권이 각국의 왕권 위에 군림할 수 있었던 것이죠. 교황이 각국의 왕에게 '이교도 처벌'을 명한 것이 십자군이에요.

교황에 반항하는 왕은 파문되어 폐위된 사례가 있을 정도였습니다. 영국의 왕 존(John, 1167~1216)은 캔터베리 대주교의 임면권을 놓고 교황과 다투다 파문되었습니다. 존은 폐위를 면하기 위해 영국 전체를 교황에게 헌상하겠다면서 용서를 구했고 교황의 신하가 되어 다시 국토를 수여받았죠. '신의 대리인'을 칭하는 로마 교황의 권위는 이 정도로 절대적이었습니다.

'아래로부터의 제한'이란, 왕권은 민회의 결의로만 정해진다고 제한했던 고대 게르만의 전통을 이어받은 것입니다. 무정부 상태 속에서는 지방에 할거하는 귀족들, 대주교, 주교와 같은 성직자들은 물론, 유력 지역의 귀족까지 각각 징세권을 가지고 있었습니다. 그들의 대표가 한 자리에 모여 신분제 의회를 제도화한 것이 13세기 이후의 일이죠. 의회가 국왕의 과세권에 일정한 제한을 두게 된 거예요.

그러다 십자군의 실패로 로마 교황의 권위가 흔들리기 시작했습니다. 또한 화폐 경제의 침투와 물가 인상에 대응하지 못한 귀족 계급도 몰락하면서 왕권을 속박하는 힘이 약해졌어요. 16세기 이후 근대는 국왕 권력의 절대 '주권'이 확립된 시기라고 할 수 있습니다.

— '주권'이란 무엇인가요?

　'주권'은 지상에 존재하는 최고의 권력, 누구로부터도 제한받지 않는 절대적인 권력을 의미해요. 영어로는 사브런티(sovereignty)라고 하는데, sover는 super와 마찬가지로 '초월적인'이라는 의미죠. 로마 교황의 지배에서 벗어난 국왕은 국내에서 최고 권력을 거머쥐고자 했습니다. 16세기 프랑스에서는 구교와 신교 간의 종교전쟁(위그노 전쟁, 1562~1598)으로 혼란이 최고조에 달하고 있었는데, 당시 어린 나이에 즉위한 왕 샤를 9세(Charles IX, 1550~1574)는 무력해서 왕의 모친인 카트린느 드 메디시스(Catherine de Médicis, 1519~1589)가 실권을 쥐고 있었습니다. 1572년 카트린느는 구교와 신교의 화합을 위해 신교도의 지도자 나바르 공 앙리(Henry de Navarre, 1553~1610)를 사위로 맞이한다고 발표합니다. 하지만 결혼식을 위해 파리에 모인 수천 명의 신교도(위그노)들이 구교도들의 피습으로 학살당하는 일이 벌어지죠. 이것이 바로 생바르텔레미(Saint-Barthélemy) 학살입니다.

　이 사건을 목격한 법학자 장 보댕(Jean Bodin, 1530~1596)

은《국가론》(1576)을 집필하여 종교전쟁을 수습하기 위해서는 모든 권력을 국왕에게 집중시키고 국왕에게 절대 복종할 것을 조건으로 신앙의 자유를 인정해야 한다는 주장을 펼쳤습니다. 그리고 국왕이 지녀야 할 최고 권력에 '주권'이라는 이름을 붙였죠.

주권이란 국가의 절대적이며 영속적인 권력이다. (중략) 우리는 여기에서 주권에 대한 정의를 내릴 필요가 있다. 하나의 국가를 이루는 인민과 영주들은 지고하면서 영속적인 권력을 순수하고 단순하게 누군가에게 부여하고 그가 생각하는 대로 재산과 몸, 국가 전체를 처분하게 하고 더불어 그가 마음에 들어하는 자에게 국가를 맡길 수 있다.

—장 보댕,《국가론》'주권에 대하여'[9]

—— 내란을 수습하기 위해 국왕의 주권이 필요했던 것이 아닌가요?

그렇죠. 그리고 국왕의 주권이 미치는 범위가 '영토'가 되고 명확한 국경선이 만들어지게 됩니다. "주권 국가끼리는 대등하다"는 국제법의 기본 원리가 생겨난 것도 이 시기의 일입니다. 학살에서 살아남은 나바르 공 앙리는 앙리 4세에 즉위하여 부르봉 왕조를 열고 낭트 칙령을 통해 신앙의 자유를 인정하고 내전을 수습했습니다. 부르봉 왕조는 "신의 대리인은 교황이 아니라 국왕이다"라는 왕권신수설을 확립하였고, 국왕 주권론은 더욱 강력한 힘을 발휘하게 됩니다.

국내에서는 사법, 입법, 행정의 모든 분야에서 귀족을 배제하고 왕이 직접 임명과 해임을 주관하는 관료 구조가 정착되었습니다. 이들 관료에게 행정을 맡기면서 신분제 의회도 사라졌습니다. 국왕 독재 절대주의가 확립된 것이죠. 루이 13세(Louis XIII, 1601~1643)는 삼부회(신분제 의회) 개최를 중지시켰습니다. 또한 귀족의 반란(프롱드 난)을 진압하고 왕권신수설을 도입한 루이 14세(Louis XIV, 1638~1715)의 권력은 "짐(군주의 자칭)이 곧 국가다"라는 말로 상징되는 것처럼 절대적이었습니다.

몰락한 귀족은 왕권에 저항할 힘이 없어 이들을 대신해 도시의 상공업자, 시민 계급이 국왕의 권위에 맞서 대항했습니다. 이렇게 일어난 것이 시민혁명이에요. 앞에서 소개한 스페인 왕에 대항한 네덜란드 독립전쟁(참고 p.22)은 '최초의 시민혁명'이라고 볼 수 있죠.

왕권을 속박하는 최강의 법 — 관습법

오늘날까지 이어진 의회 제도가
어떻게 중세 영국에서 탄생했는지 살펴보자.

네덜란드에 이어 시민혁명이 일어난 도시는 영국입니다. 영국은 조금 특수한 나라라고 할 수 있어요.

── 어떻게 특수한가요?

서유럽 제국의 대부분이 로마 제국의 지배를 받아 로마의 언어인 라틴어가 공용어로 지정되고 황제의 칙령이라고 발포된 로마법의 적용을 받았습니다. 4세기경부터 6세기경에 걸쳐 민족 대이동이 시작되어 로마군은 영국에서 철퇴하고 대신 독일에서 게르만계의 앵글로색슨 족이 이주해왔어요. 앵글로색슨족과 원주민인 켈트족의 피가 섞이면서 지금의 영국인이 태어나게 됩니다. 그들은 라틴어가 아닌 앵글어(잉글리시)를 쓰고 로마법이 아닌 켈트와 게르만의 전통적인 관습법에 따라 국가를 형성했습니다.

타키투스가 《게르마니아》에서 묘사한 것처럼 게르만인의 합의제에 의한 정치(참고 p.31)나 영국에서 이어져오던 정책 결정 방법은 이와 비슷한 것이었죠.

13세기 영국 왕 존이 프랑스와의 전쟁에서 대패하자 귀족과 성직자들이 결속해 마그나 카르타(Magna Carta, 대헌장)를 만들고 왕에게 강압적으로 서명하게 하면서 그들의 오래된 특권을 공식적으로 인정하라고 압력을 가했습니다.

제12조 일체의 군역 면제금 또는 원조금(임시 과세)은 짐의 왕국의 일반 평의회(귀족회의)에서 허락 없이 함부로 걷지 않는다. (중략) 런던 시에서 걷는 임시 과세에 대해서도 마찬가지다.

제13조 런던 시는 모든 고전적인 자유를 향유하며 육로 및 해로를 불문하고 자체적으로 관세를 정한다. 아울러 짐은 기타 모든 도시와 마을, 항구가 자유권을 가지고 자체적으로 관세를 정할 것을 허용한다.

—〈마그나 카르타〉(1215년)[10]

하지만 존 왕의 아들 헨리 3세(Henry Ⅲ, 1207~1272)가 이

것을 무시하면서 귀족과의 내전이 벌어지고 귀족의 지도자 시몽 드 몽포르(Simon de Montfort, 1208?~1265)가 주최한 1265년의 의회에는 종래의 귀족회의(귀족과 성직자)와 더불어 각 도시의 시민 대표, 각 주의 기사 대표들(하급 귀족들)이 참가했습니다. 이 의회가 영국 의회의 기원으로 평가받고 있는데, 이는 시민 대표가 참가했기 때문입니다. 당시 영국의 법학자 윌리엄 블랙스톤(William Blackstone, 1723~1780)은 영국에 고대로부터 내려온 관습법의 중요성을 깨닫고 이것을 처음으로 체계화시켰습니다.

—— 관습법이란 무엇인가요?

관습법은 '모두가 함께 지켜온 규칙'을 말합니다.

"국왕이라도 신과 법 아래에 있다"는 블랙스톤의 말은 영국 왕권과 관습법과의 관계를 명확히 표현하고 있습니다.

1295년에 '모범 의회'가 개최된 이래 영국 왕은 정기적으로 의회를 소집해 제도화했습니다. 처음에는 일원제였으나 그 후 귀족과 성직자 대표로 이루어진 상원, 기사와 시민대표로 이루어진 하원으로 나누어졌죠. 이것이 이원제의 시작이며, 고대 그리스에서 귀족회의와 민회가 존재했던 것과 비슷하다고 볼 수 있습니다.

상원의원은 세습되지만 하원의원은 선거로 선출되었습니다. 고대 그리스처럼 시민이 광장에 모여 법안을 심의하는 직접 민주 정치가 아니라 선거에 의해 선출된 대표가 의회에서 법안을 심의하는 간접 민주 정치(대의제)가 시작된 것이죠. 단, 하원의원의 선거권은 일정한 자산을 가진 자로 한정되었으며 민중은 배제되었습니다. 관습법과 대의제, 이것이 영국 민주주의가 가진 특징입니다.

그런데 중세 말에 벌어진 내전(장미 전쟁, 1455~1485)으로 인해 귀족이 몰락하고 왕권이 강화되면서 관습법이나 의회를 경시하는 왕이 등장하기 시작했습니다. 그는 바로 헨리 8세(Henry VIII, 1491~1547)였습니다. 그는 여왕 엘리자베스 1세(Elizabeth I, 1533~1603)의 아버지로, 여러 가지로 문제가 많은 인물이었죠.

당시의 초강대국은 신대륙 아메리카를 정복한 스페인이었습니다. 영국은 덴마크나 노르웨이와 별반 다르지 않은 북미의 섬나라에 불과했으며 식민지도 없었죠. 초강대국 스페인에게 잘 보이기 위해 영국 왕은 스페인 여왕의 딸 캐서린(Catherine of Aragon, 1485~1536)을 장남의 왕비로 맞이했습니다. 그런데 장남이 일찍 죽자 차남인 헨리 8세가 형의 아내를 자신의 아내로 맞이하게 됩니다. 여왕 캐서린이 낳은 자식 가운데 무사히 잘 자라준 사람은 딸 메리 한 명 뿐이었죠. 사내아이를 바라던 헨리 8세는 캐서린의 시녀였던 앤 불린(Anne Boleyn, 1507~1536)과 밀통해 아이를 갖게 됩니다.

영국의 왕위 계승법에서는 연령에 관계없이 남자를 우선시했지만 정식 결혼으로 태어난 서자이어야 한다는 조건이 있어 정식 부인이 아닌 여자와의 사이에서 낳은 자식은 왕위를 승계할 수 없었죠. 그래서 앤의 뱃속에 있는 아이가 남자아이라면 출산 전에 캐서린과 이혼하고 앤과 정식으로 결혼을 해야 했습니다. 그런데 여기서 또 한 가지 문제가 생깁니다. 가톨릭교회는 로마 교황으로부터 허가를 받은 경우가 아니면 이혼을 인정하지 않는 것이었습니다. 그래서 헨리 8세는 교황을 찾아가 호소하죠.

"교황님, 지금의 부인 캐서린은 형의 아내였습니다. 형제의 아내를 범하는 자는 죄인이라고 성경에 쓰여 있지 않습니까? 이 결혼은 무효입니다. 캐서린과 이혼할 수 있게 허락해주십시오."

하지만 교황은 이를 거부했습니다. 스페인은 로마 가톨릭교회의 최대 보호자였기 때문입니다. 스페인 왕가 출신인 캐서린의 명예를 더럽히는 일을 교황이 허락할 리 없었죠.

초조해진 헨리 8세는 돌연 가톨릭교회로부터 이탈을 선언합니다. 국왕을 영국 교회의 수장으로 하는 수장법(국왕치상법)을 제정한 것이죠. 하지만 이것은 단순한 이혼 문제에 그치지 않고 교황권의 개입을 배제함과 동시에 영국 왕권의 절대성(국왕 주권)을 인정한 획기적이 법이었습니다.

— 별 볼 일 없는 왕이었지만 영국 주권 확립에는 공헌한 바가 크다는 말인가요?

그런데 예상치 못한 일이 벌어졌습니다. 헨리 8세의 측근으로 대법관(총리 겸 최고 재판장과 비슷한 관직)인 토머스 모어(Thomas More, 1478~1535)가 이에 반발하고 나선 것입니다.

"국왕 폐하라고 해도 법 아래에 있습니다. 저는 대법관으로서 법을 따르겠습니다."

헨리 8세는 격노했고 토머스 모어는 반역죄로 체포되어 참수를 당합니다. "국왕도 법 아래에 있다." 이것을 '법 지배'의 원칙이라고 하는데, 여기서 법이란 영국에서 고대로부터 내려오던 관습법을 의미합니다.

절대 왕권이라 일컬어지던 시대, 영국에서는 '법의 지배'라는 사상이 계승되고 있었고 목숨을 걸고 이를 지키려는 사람들이 있었습니다. 16세기에 들어와 국왕의 권력이 강화되고 영국의 오랜 전통이 위기에 부딪히자 이를 지키려는 사람들이 들고 일어났는데, 토머스 모어는 이들의 선구자였죠. 국왕에 반발하는 영국 혁명은 폭군의 손아귀에서 고대로부터 내려오는 전통을 지키고자 하는 취지에서 시작된 것입니다. 하지만 이는 전통을 모두 파괴하고자 하는 과격파에 의해 실패로 돌아가고 맙니다.

찰스 스튜어트의 어리석은 기도와 악행은 모두 그 자신과 그의 가족이 지닌 의지와 힘, 그리고 특권이라 불리는 것을 악용해 사적인 이익을 확대하고 유지하기 위해 행해진 것이며 이 나라 인민의 공공 이익, 공통의 권리, 자유, 정의, 평화에 배반되는 것이다. (중략) 이러한 모든 반역 행위와 죄과를 인정해 본 재판소는 전제군주, 배신자, 살해자, 선량한 인민의 공공의 적으로 찰스 스튜어트의 신체에서 머리를 잘라내어 죽음에 이르게 하라는 판결을 내린다.　ー〈**찰스 1세에 대한 사형 판결**〉(**1649년 1월 27일**)[11]

　국왕 독재를 노렸던 찰스 1세는 의회파와의 내전(청교도 혁명, 1640~1660)에 패배하면서 체포되었고 의회가 마련한 특별 법정에서 사형을 선고받았습니다. 런던의 화이트홀 궁전 앞 광장에 마련된 형장에 오른 찰스는 최후의 한마디를 남기고 단두

대 앞에 무릎을 꿇었습니다. 그리고 그의 머리 위에서 가차 없이 작두가 떨어졌습니다.

── 영국에서 왜 이런 끔찍한 일이 벌어졌나요?

엘리자베스 1세가 독신으로 사망한 후, 인접국 스코틀랜드에서 영국 왕으로 추대 받은 스튜어트 왕가의 제임스 1세(James I, 1394~1437)가 왕권신수설을 제창하며 프랑스식의 절대주의를 흉내 낸 전제 정치를 강행했습니다. 2대째 찰스 1세가 즉위하자 의회는 국왕에게 고대로부터 내려오던 권리를 지키도록 청원했는데, 이것이 '권리청원'(1628)입니다. 권리청원의 초석을 만든 에드워드 쿡(Edward Coke, 1552~1634)은 국왕의 측근이던 법학자로, 13세기의 의회 성립 과정의 역사를 연구하며 당시에 거의 잊혀졌던 마그나 카르타를 재발견했죠. 그는 이렇게 말했습니다.

"마그나 카르타, 그 위에 왕은 존재하지 않는다."

이는 왕이 유일 절대 권력을 가진다는 국왕 주권론을 명백히 부인하는 것이었습니다. 하지만 찰스 1세는 의회를 해산시켜 이에 응수하였죠. 11년 후 드디어 의회파와의 내전이 발발하고 이 내전을 '청교도 혁명'이라 부르게 되었는데, 이는 급진파인 청교도가 의회군의 중심을 이루고 있었기 때문입니다.

── 그런데 청교도가 무엇인가요?

로마 교황권을 부정하는 운동인 프로테스탄트(신교)를 말하는데, 프로테스탄트는 독일의 루터파, 영국 국교회, 스위스의 칼뱅파를 총칭하는 말이죠. 특히 신의 의지에 따라 금욕적인 노동을 통해 재산 축적이나 투자를 인정하는 칼뱅파는 상공업자를 중심으로 국경을 넘어 확산되면서 영국에도 상륙하게 되는데, 영국에서 그들은 청교도라 불렸습니다.

칼뱅파의 특징으로 다음 세 가지를 들 수 있습니다.

1. 신 이외의 어떠한 권위도 인정하지 않는다(왕권이나 교황권의 부정).
2. 신의 결정을 절대시하며 인간의 자유의지를 부정한다(예정설).
3. 노동과 근로를 존중하며 술과 유희를 피한다(철저한 금욕주의).

반면, 영국 국교회는 영국 왕을 교회의 지도자로 삼았습니다. 이로 인해 청교도와 전면 대립하게 되죠. 국왕 제임스 1세로부터 박해를 받던 청교도들은 신천지를 찾아 식민지 미국으로 이주하고 영국에 남은 사람들만이 혁명에 참가하게 됩니다.

국왕과의 내전에서 의회군은 고전을 면치 못했지만 청교도의 지도자 올리버 크롬웰(Oliver Cromwell, 1599~1658)의 활약으로 형세가 역전됩니다. 크롬웰이 이끈 부대는 철기대라 불렸는데, 청교도적 금욕주의를 실천하고 국왕 찰스를 '신의 적'이라 외치며 돌격했습니다. 말하자면 '십자군'이었죠.

국왕 찰스 1세를 처형한 크롬웰은 공화 정치를 선언하고 무력으로 의회를 해산시킨 뒤 호국경이라 불리는 독재권을 거머줍니다. 그리고 런던의 극장과 주류 판매장을 모두 폐쇄하고 술과 노래, 춤을 금지하였습니다. 영국에서 고대로부터 이어져 내려온 전통과는 아무 상관도 없는 종교적 원리주의를 강제적으로 주입시킨 것입니다. 이와 같이 독재 정권에 항거해 자유를 찾고자 한 혁명 운동이 종교적 과격파에 의해 점령당하는 현상은 21세기 초 이집트나 시리아에서 일어난 '아랍의 봄'에서도 나타납니다.

이로 인해 얼마 지나지 않아 인망을 잃은 크롬웰의 공화 정치는 그의 죽음과 함께 붕괴되고 프랑스 등지를 떠돌던 찰스 1세의 왕자들이 귀국해 왕정복고를 선언합니다. 이로써 겉으로는 왕과 의회의 협조 관계가 부활한 것처럼 보였으나 프랑스의 루이 14세에 영향을 받은 왕자들은 성역 없는 절대주의로의 이행을 꾀하고 있었죠.

── 루이 14세는 "짐이 곧 국가다"를 선언한 것으로 유명하잖아요.

영국 의회는 제임스 1세(찰스 1세의 차남)를 폐위시키고 네덜란드 총독과 결혼한 딸 메리 2세(Mary Ⅱ, 1662~1694)를 남편과 공동 왕으로 추대할 것을 결의합니다. 네덜란드군의 상륙을 본 제임스 2세(James Ⅱ, 1633~1701)는 프랑스로 망명하면서 자연스럽게 무혈 혁명에 성공합니다. 이것이 1688년에 벌어진 명예혁명이죠.

이 명예혁명의 결과로 새 국왕은 의회의 요구를 수락하여 의회는 의회의 권리를 확보하기 위한 '권리장전'을 통과시켰습니다.

이로써 권리장전은 마그나 카르타 이래 전통적인 신민의 권리를 국왕에게 재확인시킨 기념비적 문서로 자리매김하게 됩니다.

선왕 제임스 2세는 (중략) 자신이 등용했던 사악한 몇몇 고문관과 재판관과 각료의 조언을 받아들여 신교와 우리나라의 법률과 자유를 파괴하고 말살하고자 온갖 노력을 다했다.

[1] 의회의 동의 없이 법률을 무시하고 법률을 집행하는 권한 및 법률의 효력을 정지시킬 수 있는 권한을 무기력하게 만들고 (후략)

[4] 대권을 빙자하여 의회가 승인한 내용과 다르게 기간을 연장하고 편법을 써서 왕권을 행사하기 위한 돈을 거두어들이고 (후략)

[7] 국회의원 선출의 자유를 침해함으로써 (후략)

이 모든 사항들은 이미 공포된 우리나라의 법률과 규칙, 자유와 직접적이고도 완전하게 상반된다. —**〈권리장전〉(1689년)**[12]

—— 영국 왕실은 단지 전통을 계승하는 데 그치지 않고 의회와 격투를 벌인 건가요?

명예혁명으로 국왕과 의회와의 타협이 이루어졌어요. 이렇게 보면 영국 혁명은 어떤 것을 파괴하려고 의도했던 것이 아니라 오히려 고대로부터 내려오던 전통을 파괴하고자 했던 폭군을 배제하고 질서를 회복하려고 했다고 보는 것이 옳을 겁니다. 혁명을 의미하는 레볼루션(Revolution)이라는 단어의 본래 의미는 '빙 돌아서 제자리로 돌아온다'라는 뜻이에요.

스튜어트 왕조가 끝난 뒤 먼 친척뻘인 독일의 하노버 선제후가 영국 왕으로 추대되어 조지 1세(George I, 1660~1727)로 즉위합니다. 하지만 조지 1세는 영어를 못하는 탓에 내각에 모든 것을 위임하고 의회의 다수당 당수가 총리가 되어 행정권을 쥐는 책임 내각제를 확립했습니다.

"왕은 군림하지만 통치하지 않는다"는 전통, 왕권은 국가의 권위를 상징하지만 행정에는 관여하지 않는다는 원칙은 이때 정해진 것이며 이는 현재까지 이어집니다.

영국 혁명을 네덜란드에서 발달한 자연법사상에서 이해하고자 했던 사람이 있는데, 그가 바로 토머스 홉스(Thomas Hobbes, 1588~1679)입니다. 자연법사상이란 신이 모든 것을 정하고, 국가를 초월한 전 인류 공통의 자연법이 생명과 자유, 평등, 소유와 같은 자연권(인권)을 보장한다는 사상이죠.

토머스 홉스는 엘리자베스 여왕이 스페인의 무적함대에게 침공당한 해에 태어나 스튜어트 왕조의 절대주의가 청교도 혁명으로 붕괴되고 크롬웰의 독재를 거쳐 왕정복고가 실현될 때까지의 시대를 산 사람이죠. 청교도 혁명을 피해 프랑스로 망명한 홉스는 혁명에 따른 혼란을 무정부 상태로 보고 여기에 종지부를 찍은 왕정복고를 높이 평가했습니다.

결과적으로는 프랑스식 국왕 주권, 절대주의를 옹호한 것이었으나 그의 사상에서 특이한 점은 그리스도적인 왕권신수설을 부정하고 왕권의 정통성을 자연법에서 찾으려 했다는 점입니다.

홉스가 자신의 저서 《리바이어던》에서 제시한 이론은 다음과 같습니다.

1. 자연 상태란 무정부 상태를 말한다.

   원시사회에서는 국가도, 사회도 존재하지 않고 각 개인은 뿔뿔이 흩어져 살고 있었다. 그리고 자신의 생명과 재산을 지키기 위해 무장하고 타인과 투쟁을 계속하는 자연 상태가 오랜 시간 계속되었다(홉스는 다른 저서에서 이 상태를 '만인에 대한 만인의 투쟁'이라고 부르기도 했습니다).

2. 사회계약에 의한 평화

   평화를 회복하고 자연권(인권)을 옹호하기 위해 각 개인은 상호 계약을 교환하여(사회계약) 대표를 선출해 그에게 모든 권력을 위임시키고 투쟁을 금지한다.

3. 주권은 인민으로부터 온다.

   인민 대표야말로 주권자이며 주권은 신이 아닌 인민으로부터 위임받은 것이다. 주권이 너무 약하면 원래의 무정부 상태로 돌아가버리고 만다. 따라서 평화를 유지하기 위해서 주권은 강대해야만 한다.

리바이어던은《구약성경》에 등장하는 바다 괴물로 인간의
힘을 뛰어넘는 강한 동물을 말합니다. 홉스는 국가를 이 동물에
비유한 것이죠.

그들을 외국인의 침투와 상호 침해로부터 방위하고 이로 인해 그들의 안
전을 보증하고 (중략) 만족스럽게 생활할 수 있도록, 이러한 능력 있는 공
통의 권력을 수립하기 위한 단 한 가지 길은 개개인의 힘을 초월하는 권력
과 힘을 한 사람에게 부여하고 다수 의견을 하나의 의사로 모을 수 있도록
하나의 합의체에 양도하는 것이다. (중략) 이렇게 하나의 인격체로 통합
된 군중을 코먼웰스 (중략) 라고 일컫는다. 그리고 이런 인격을 책임지는
자는 주권자라 불리며 주권을 가진 자 이외의 다른 모든 자들은 그의 신민
이다.
　　　　　　　　　　　　　　—토머스 홉스,《리바이어던》(2-17)[13]

코먼웰스는(commonwealth)는 '공통의 이익을 목적으로 조
직된 정치적인 공동체', 다시 말해 '국가'를 의미합니다. 코먼웰
스는 주권자의 수에 따라 세 가지로 나뉘는데 주권자가 한 명이
면 군주정, 소수이면 귀족정, 다수이면 공화정으로 분류됩니다.
　　왕당파로 일컬어진 홉스는 청교도 혁명이 발발하기 직전에

프랑스로 망명했다가 크롬웰에게 처형된 찰스 1세의 자손이 프랑스로 망명해오자 그의 가정교사를 지냅니다. 그러다가 그가 찰스 2세(Charles Ⅱ, 1630~1685)로 즉위하자 본인의 손으로 직접 집필한 《리바이어던》을 헌정하죠. 그러나 왕권신수설을 인정하지 않았던 홉스는 '위험한 무신론자' 취급을 받으며 그의 책은 출판 정지 처분을 받게 됩니다.

한편, 존 로크(John Locke, 1632~1704)는 장로파(온건한 청교도)의 가정에서 태어나 혁명의 폭풍우 속에서 학교를 다녔습니다. 그가 의회파의 법학자, 정책 고문으로 세상에 이름을 알리기 시작한 것은 왕정복고 시대였지만 제임스 2세를 옹립해 절대왕정의 부활을 꿈꾸던 왕당파와의 정치 항쟁에 휘말려 네덜란드로 망명하게 되죠.

이에 반해 로버트 필머(Robert Filmer, 1589?~1653)는 《가부장제론》에서 《구약성경》에 나온 인류의 시조 아담을 최초의 군주로 보고 "신이 아담에게 내려준 절대주권이 오늘날 영국 왕가에 계승되고 있다"는 어이없는 주장을 펼치기도 했는데 이것은 왕당파의 논거로 자주 인용되곤 했어요.

로크는 왕당파의 논리에 반박하기 위해 필머를 비판하고 《통치이론(Two Treatises of Government)》을 정리했습니다. 제1논문에서 필머의 왕권신수설을 철저히 비판하고 제2논문에서 자연법에 근거한 왕권의 정통성을 피력하고 있기 때문에 이론(二論)이라는 제목이 붙었어요.

명예혁명으로 네덜란드의 총독이 영국 왕 윌리엄 3세(William Ⅲ, 1650~1702)로 즉위하자 로크도 네덜란드에서 돌아와 《통치이론》을 출간했습니다. 이 책은 명예혁명을 정당화하는 논문으로 높은 평가를 받았으며 그 공로를 인정받아 윌리엄 3세로부터 후한 대우를 받았죠.

로크는 홉스의 사회계약설에 대해서도 비판했습니다. "만약 인민이 주권을 완전히 왕에게 위임했다면 제임스 2세와 같은 전제군주가 나타났을 경우라도 무조건적으로 여기에 복종해야 하는데, 인민의 자연권(자유와 평등)을 지키기 위해 주권을 위임받는 왕이 그것을 악용해 인민을 박해한다면 어떻게 해야 하는가?"라는 것이었죠.

로크의 이론은 다음과 같이 주장합니다.

1. 자연 상태

   개개인은 자연법에 따라 자유와 평등이 주어지기에 자연법을 침해하는 자에 대해서는 그가 누구든 간에 잡아 벌할 수 있다.

2. 소유권의 발생

   자연 상태에서 인간은 자신의 신체를 소유할 수 있으며 또

한 노동(경작)을 통해 자연물(토지)을 소유할 수 있다. 화폐
가 보급되면서 잉여 생산물을 화폐로 바꾸어 저축하는 자
들이 나타나고 빈부의 차이가 확대되었다.

3. 사회계약

불화와 싸움이 빈번히 발생하고 개인의 힘으로는 자연권을
지키기 힘들어지자 개개인은 계약을 체결해 국가를 형성하
고 국가의 법(실정법)에 의해 자연권을 보존해왔다.

4. 저항권(혁명권)

입법기관(의회)이나 행정기관(정부)이 만들어지는 이유는
인민으로부터 신탁을 받아 자연법을 보전하기 위함이다.
만약 정부가 이 신탁을 배신하면 인민은 이 정부에 저항하
고 새로운 정부를 조직할 권리를 가진다.

오늘날 영국과 같은 국가 체제에서는 (중략) 국가의 병력, 재력 및 관직을
이용할 수 있으며 또한 자신은 최고의 위정자로서 어떤 것에도 구속받지
않음을 때때로 확신하며 (중략) 입법부의 개혁을 위해 크게 전진할 수 있
는 입장에 있다. (중략) 이런 경우, 국민은 자신들의 안전과 복지를 위해
(중략) 이전과는 다른 새로운 입법부를 설립하고 그에 따라 자유롭게 자
신들의 몸을 지킬 수 있다. **─존 로크, 《통치론》(19장)**[14]

즉, 로크는 인민은 무조건적으로 주권을 정부에 위임한 것이 아니라 인민의 자연권을 지킨다는 조건하에서 위임한다고 주장했습니다.

── 같은 사회계약설이지만 홉스와는 완전히 반대되는 주장 아닌가요?

로크의 최대 업적은 정부에 대한 인민의 저항권(혁명권)을 이론화시켰다는 점이에요. 로크의 이론은 그로부터 80년 후 미국의 독립 전쟁과 그 후 14년 후에 벌어진 프랑스 혁명에도 지대한 영향을 미칩니다. 가히 세계사를 움직인 사상가라 일컬어질 만하죠.

6

모든 혁명의 시발점,
프랑스 계몽사상

프랑스 혁명을 준비한
볼테르와 몽테스키외의 사상에 대해 알아보자.

영국에서 입헌군주제가 실현될 무렵, 해협을 사이에 둔 프랑스에서는 부르봉 왕가의 독재가 이어지고 있었습니다. 삼부회는 소집되지 않고 왕권신수설을 인정하지 않는 신교도 대부분은 영국, 네덜란드, 미국 등 신교국으로 망명했습니다. 남은 사람들도 부르봉 왕가를 겉으로는 따르는 척하면서 속으로는 딴 마음을 먹고 있었는데 이들 사이에서 생겨난 사상이 계몽사상입니다.

계몽(enlightenment)의 본래의 의미는 '강하게(en) 빛을 댄다(lighten)'는 뜻이에요. 이성을 '빛', 불합리한 미신이나 관습을 '암흑'으로 보고 이성의 빛으로 미신을 타파한다는 의미로 해석되죠. 왕권신수설과 봉건적 신분제로 묶여 있는 프랑스 사회를

'암흑'으로 본 것이죠.

프랑스 계몽사상을 대표하는 사람으로는 볼테르(Voltaire, 1694~1778)와 몽테스키외(Charles de Montesquieu, 1689~1755), 루소(Jean-Jacques Rousseau, 1712~1778) 등을 꼽을 수 있습니다.

법률가 가정에서 자란 볼테르는 부르봉 왕가를 야유하는 작품을 발표했다는 죄목으로 감옥살이를 하고 출옥 후에 영국으로 건너갑니다. "왕은 군림할 수 있어도 통치하지는 않는다"는 입헌군주제를 눈앞에서 경험한 볼테르는 그 충격을 《철학서간》(통칭 '영국 편지')으로 묶어 정리했죠.

영국 국민은 국왕에게 끊임없이 항쟁해 국왕의 권력을 제어하는 데 성공하고 또한 노력을 거듭한 결과 현명한 정치를 확립한, 지상에서 유일무이한 국민이다. 그 정치 체제하에서 군주는 선을 행하는 데 전능하지만 악행을 범하는 데는 자신을 얽매며, 귀족 제후는 힘은 있으나 존대도 없을뿐더러 가신도 없어 국민은 정치에 관여하고 있으나 그로 인해 혼란에 빠질 일은 없다. **─볼테르,《철학서간》(제8편)[15]**

몽테스키외는 지방의 명문 귀족 집안에서 태어났습니다. 영국 의회제는 물론 유럽 각국의 정치 제도를 시찰하고 더 나아가 고대 로마와 페르시아 제국, 인도의 무굴 제국, 중국의 청나

라, 일본의 에도 막부까지 동서고금의 다양한 정치 체제를 비교 연구했으며 20년에 걸친 연구 성과를 모아 《법의 정신》이라는 책을 발표했습니다. 그는 이 책에서 세계의 정치 체제를 세 가지로 분류했습니다.

첫째, 공화 정체(政體)란 국민 전체 또는 일부 국민이 주권을 행사하는 정치 체제를 의미하며 둘째, 군주 정체란 오직 한 사람이 제정된 불변의 법에 의거하여 통치하는 정치 체제이며 마지막으로 전제 정체는 독재자 한 사람이 법과 준칙을 무시한 채 본인의 의지와 뜻에 따라 권력을 휘두르는 것을 말한다. ——몽테스키외 《법의 정신》(2-1)[16]

몽테스키외가 말하는 '군주정(귀족정)'이란 영국식 입헌군주정, '전제정'이란 아시아 제국의 정치 체제임과 동시에 당시 프랑스의 절대주의를 말합니다. 그리고 각각 체제를 유지하기 위한 기본 원리가 존재한다. 도덕심 없는 민중의 공화정은 중우정치로 타락하고, 명예 없는 군주정은 그저 계급 지배에 그칠 뿐이며, 공포 없는 전제정은 반란을 일으키게 하여 붕괴된다고 강조했습니다.

	공화정	군주정	전제정
권력의 보유자	귀족 또는 민중	귀족 사회가 군주권 제한	군주의 독재
기본 원리	도덕	명예	공포
정치적 자유	있음/없음	있음	없음

공화정이 반드시 정치적 자유를 보장하지 않는다는 것은 크롬웰의 공화정을 보면 분명히 알 수 있어요. 정치적 자유를 담보하는 것은 군주의 유무가 아니라 제반 기관으로의 권력 분산을 인정하느냐 아니냐에 달려 있기 때문이죠.

공화제에서 도를 넘은 권위가 돌연 한 시민에게 주어지면 군주제 혹은 군주제 이상의 것이 형성된다. 군주제에서는 법률이 국가 제한에 수반되거나 혹은 이에 적합하게 되어 있다. 정치 체제의 원리가 군주를 제지하는 것이다. 하지만 일개 시민이 도를 넘은 권력을 휘두르는 공화제에서 법률은 이를 예상하지 못해 그를 제지할 장치가 마련되어 있지 않기 때문에 그 권력의 폐단은 형용할 수 없이 크다.　　—몽테스키외, 《법의 정신》(2-3)[17]

영국에서는 권력 분산이 실현되었어요. 과거 프랑스에서도 왕(행정권), 삼부회(입법권), 고등법원(사업권)이 분리되었는데 (삼권 분립), 이때 시행하던 전통으로 돌아가면 부르봉 왕조에

서도 정치적 자유가 실현되어야 했죠. 결국 프랑스도 삼권 분립론으로 삼부회의 부활을 요구하는 여론이 커지면서 프랑스 혁명을 암시하는 파도가 출렁거리기 시작했습니다.

볼테르나 몽테스키외는 모두 영국 입헌군주정을 모델로 삼아 프랑스의 정치 개혁을 꾀한 사상가들이에요. 이들 계몽사상가의 업적은 데니스 디드로(Denis Diderot, 1713~1784)를 편집장으로 내세운 《백과전서》에 집대성되어 있어 '백과전서파'라고도 불립니다. 하지만 정부를 비판하는 목소리가 커지는 것이 두려웠던 부르봉 왕조는 볼테르의 저서는 물론 《백과전서》도 금지시켰죠.

《백과전서》의 집필자 가운데 한 사람인 루소의 사상은 다른 사상가들과는 전혀 다른 시점을 제시합니다. 루소의 사상은 심지어 프랑스 혁명과 뒤이어 일어나는 러시아 혁명에까지 큰 영향을 끼쳤어요. 다음 장에서는 루소의 사상에 대해 소개하고 프랑스 혁명이 빚어낸 끔찍한 결말에 대해 살펴보겠습니다.

7 루소가 탄생시킨 디스토피아

프랑스 혁명은 왜 공포 정치로 전락했는가?
루소의 사상을 통해 그 속을 들여다보자.

프랑스 혁명 사상은 루소라는 인물의 머릿속에서 탄생했습니다. 마르크스(Karl Marx, 1818~1883)의 사상을 이해하지 않고서는 러시아 혁명을 이해할 수 없듯 루소의 사상을 이해하지 않고는 프랑스 혁명을 이해하기 힘듭니다.

장 자크 루소는 스위스 서부 제네바에서 시계공의 아들로 태어났어요. 제네바는 프랑스어를 쓰는 도시로, 과거 종교 개혁자 칼뱅이 활동한 도시이기도 하죠.

볼테르와 디드로는 부유 시민, 몽테스키외는 귀족이었던데 반해 루소는 평민 출신이었어요. 태어나자마자 모친이 사망하고 열 살이 되던 해 아버지와 형이 실종되면서 고아가 됩니다. 금세공사인 스승 밑에서 도제 일을 배웠으나 일에 적응하지 못하고 열다섯 살에 집을 나와서 프랑스 각지를 떠돌며 방랑생활을 하죠. '제네바 시민'이라 자칭하면서도 조국으로 돌아가지 않고 주소 불명의 일당 노동자, 귀부인의 하인, 작가를 전전하며 생을 마쳤습니다.

가족으로부터도, 공동체로부터도, 국가로부터도 버려져 단 한 번도 제대로 된 학교 교육을 받아본 적이 없던 루소는 독서를 통해 사색하고 사상의 깊이를 더해가다가 마침내 독특한 사상 체계를 완성하게 됩니다. 정치론에 관한 루소의 저서로는 《인간 불평등 기원론》과 《사회계약론》이 잘 알려져 있죠.

루소는 《인간 불평등 기원론》을 통해 인류 사회의 기원에 대해 논하면서 영국인 홉스와 로크가 완성한 사회계약설을 공격합니다.

1. 홉스가 주장한 '만인에 대한 만인의 투쟁'은 망상에 불과하다. 자연 상태라는 것은 다음과 같은 것을 말한다.

일도, 언어도, 집도, 전쟁도 그 어떤 교류도 없이 숲 속을 이리저리 돌아다니는 미개인은 다른 동료 인간의 필요성을 전혀 느끼지 않았을 것이고 해칠 욕구도 없었을 것이며 그들 중 누구도 개인적으로 알려고도 하지 않았을 것이다. (중략) 그는 정념에도 거의 지배받지 않고 자족하면서 그 상태

제1전 법과 정의 / **85**

에 알맞은 감정과 지식만을 가지고 있었을 것이다.

—루소, 《인간 불평등 기원론》(제1부)¹⁸

이처럼 루소는 자연 상태를 불평등이 없고 종속도 없으며 부정도 없는 완전히 자유롭고 평등한 상태로 보았습니다. 인류가 지혜를 가지게 되면서 괭이를 들고 토지를 경작하고, 밧줄을 던져 동물을 포획하게 되면서 부의 불균형이 초래되고 확대되었다는 것이 그의 주장이에요.

2. 사유 재산의 성립이 전쟁과 계급사회를 탄생시켰다.

한 땅에 울타리를 치고 "이것은 내 것이다"라고 말할 생각을 해내고 다른 사람들이 그 말을 믿을 만큼 순진하다고 생각한 최초의 인간이 문명사회의 실제 창시자다. 말뚝을 뽑아버리거나 땅의 경계로 파놓은 도랑을 메우면서 동류의 인간들에게 "여러분, 저 사기꾼의 말을 듣지 마시오. 만일 과일이 우리 모두의 것이고 땅이 어느 누구의 것도 아님을 망각하면 당신들은 파멸이오"라고 고함을 친 사람이 있었다면 그는 인류에게 얼마나 많은 범죄와 전쟁과 살상과 불안과 공포를 면하게 해주었을 것인가.

—루소, 《인간 불평등 기원론》(제2부)¹⁹

3. 폭력은 입법을 대신해 불평등과 신분제도를 강화시켰다.

투쟁의 승자가 '조정자'로 불리며 법을 정하고 소유권을 보
장했다. 직업적인 위정자나 법률가가 생겨나고 이것이 세
습되는 한편, 노예제도가 생겨나고 또 다른 쪽에서는 전제
군주가 생겨났다.

── 홉스나 로크와는 완전 다른 사상이네요.

그렇죠. 홉스와 로크는 국민이 서로 계약을 맺어 주권자를
선택하는 것이며 주권은 국민으로부터 온다고 설명했어요. 하
지만 루소의 생각은 달랐죠. 사유 재산을 둘러싼 추악한 투쟁에
서 승리한 자가 자기에게 유리한 법을 만들고 지위를 세습시켜
제멋대로 '왕'이라 일컬을 뿐, 국민은 주권을 왕에게 위임한 적
이 없다고 주장합니다.

그렇다면 진정한 사회계약이란 무엇일까요? 이에 대해 논
한 것이 루소의《사회계약론》입니다.

"인간은 자유롭게 태어났지만 어디서나 쇠사슬에 묶여 있
다. 다른 사람들보다 더 노예가 되어 있으면서도 자기가 그들
의 주인이라고 믿는 자들이 있다"라는 유명한 구절로 시작하는
《사회계약론》은 홉스와 로크가 가정했던 태고적 사회계약을 논

하는 것은 아닙니다. 《인간 불평등 기원론》에서 알려준 현실의 전제국가, 불평등 사회의 속박으로부터 인류를 행방시키기 위한 새로운 사회계약이 존재해야 함을 논하고 있죠. 이런 논제로 인해 《사회계약론》은 미래 사회의 설계도로서 프랑스 혁명의 지침 역할을 했습니다.

1. 사회계약=소유권의 포기

개인이 사유 재산제를 토대로 스스로의 생명과 재산을 지키려고 하는 한 국민 간 불화와 투쟁은 어쩔 수 없다. 그리고 그 결과, 불평등과 계급 제도가 생겨나고 타인에게 봉사하는 노예와 같은 삶을 사는 국민들이 생겨난다. 이런 모순 속에서 자유로워지기 위해서는 국민 상호 계약에 의한 공동체(국가)를 형성하고 공동체를 구성하는 모든 국민이 모든 생명과 재산을 공동체에 양도할 수밖에 없다.

각 구성원이 자기가 가진 모든 권리와 함께 자산을 공동체 전체에 완전히 양도하는 것으로 귀결된다. (중략) 각자가 자기 자신을 전적으로 양도하므로 조건은 누구에게나 똑같아진다. (중략) 각자는 자신을 모든 사람에게 양도함으로써 결국은 아무에게도 자신을 양도하지 않게 된다. 그리고 모든 구성원은 다른 사람들에게 양도한 자신의 권리와 똑같은 권리를 다른 사람들에게 받기 때문에 그가 잃은 전부와 동일한 것을, 뿐만 아니라 그가 소유한 것을 보존하기 위한 더 큰 힘을 얻게 된다.

—루소, 《사회계약론》(1-6)[20]

2. 인민 주권

국가의 최고 의지인 주권은 국가를 구성하는 개개의 인민에게만 귀속된다. 주권은 단일한 것이며 분할되거나 누구에게 양도하거나 누군가에 의해 대표될 수 없다.

인민이 국왕에게 주권을 위탁한다는 홉스의 사회계약설은 잘못된 것이며 국민 대표로 구성된 의회가 주권을 행사해야 한다는 로크의 대의제도 잘못된 이론이다. 국가가 인민의 집합체라고 한다면 국가 주권을 어떻게 통일할 수 있겠는가?

3. 특수 의지와 일반 의지

개개의 인민에게는 개인적인 욕망을 충족시키고자 하는 특수 의지가 존재한다. 각 개인이 가진 특수 의지는 타인의 특수 의지와 충돌할 수밖에 없으므로 이것을 집합시킨 전체 의지는 모순이 많을 수밖에 없으며 통일시킬 수 없다. 또한 인민에게는 공공 이익에 봉사하고 시민으로서의 의무를 다하고자 하는 일반 의지도 존재한다. 일반 의지는 만인

에게 공통으로 존재하는 것이므로 쉽게 통일할 수 있다. 국
가를 유지하기 위해 국가의 구성원은 일반 의지에 복종하
지 않으면 안 된다.

사실 각 개인은 시민으로서 갖는 전체 의사와 다르거나 상반된 개인 의사
를 인간으로서 가질 수 있다. 그의 개인적 이익은 공통의 이익과 전혀 다
를 수 있다. (중략) 그러므로 이 사회계약이 있으나마나 한 형식이 되지 않
도록 하기 위해 전체 의사에 복종하기를 거부하는 자는 누구나 집단 전체
에 의해 거기에 따르도록 강요당할 것이라는 약속을 암묵적으로 내포하
고 있다.   ━루소, 《사회계약론》(1-7)[21]

──── 그렇다면 개인의 자유는 없다는 말인가요?

'개인의 자유'로 칭할 수 있는 것은 특수 의지입니다. 뿔뿔
이 흩어져 있는 특수 의지로는 공동체를 유지할 수 없죠. 개인
은 전체의 일부일 뿐이라는 게 루소의 주장입니다. 인민은 공동
체에 귀속함으로써 생명과 재산을 보전할 수 있는 것이므로 공
동체의 유지를 위해 사회에 봉사할 것을 요구받습니다. 공동체
를 해하는 자는 당연히 단죄를 받아야 하고요.

타인의 희생을 통해 자신의 생명을 보존하려는 자는 (중략) 타인을 위해 그 생명을 던지지 않으면 안 된다. (중략) 통치자가 시민을 향해 "너의 죽음이 국가를 위한 것이다"라고 말할 때 시민은 죽음을 바쳐야 한다. 왜냐하면 이 조건에 따를 때만 그는 오늘까지 완전히 살아온 것이 되며 또한 그의 생명은 그저 자연의 혜택에 지나지 않을 뿐 금방 사라지기 때문이다. 그는 그저 국가가 조건을 붙인 선물에 지나지 않는다. (중략) 사회적 권리를 침해하는 악인은 모두 범죄자이며 조국의 반역자, 배신자에 해당한다. 그는 법을 무시한 죄인으로 조국의 일원임을 포기하고 조국에 대해 전쟁을 선포하는 것과 다름없다. 두 가지 가운데 하나는 멸망해야 한다. (중략) 그는 계약을 저버린 자로 추방당해 잘려지던가 혹은 공공의 적으로 죽음에 의해 심판받아 마땅하다. ━루소, 《사회계약론》(2-5)[22]

4. 정부의 형태

입법권은 인민에게 속하고 집행권은 행정관에게 속한다. 행정관이 한 사람이면 군주정, 소수이면 귀족정, 다수이면 민주정이 된다. 도시국가에서는 시민들 가운데 의원을 선출하기 때문에 민주정이 용이했으나 몽테스키외가 말한 것처럼 시민에게는 덕이 요구된다. 덕이 없는 민주정은 중우 정치에 빠질 수밖에 없다. 대국을 유지하기 위해서는 군주정이 적합하나 행정권이 군주의 개별 의지로만 움직이게 되면 국가는 군주의 사적 소유물이 되어 전제 정치에 빠지게 된다.

5. 대의제에 대해

인민이 국가에 봉사하는 의무를 태만히 하고 병역 대신 용
병제를 도입하고 민회 출석 대신 대변인을 지명하게 되면
그 국가는 곧 사멸하게 된다.

일반 의지는 결코 대표로 표현될 수 있는 것이 아니다. (중략) 그러므로 인
민의 대변인은 일반 의지를 대표하는 자가 아니며 대표자가 될 수 없다.
(중략) 인민이 자발적으로 승인하지 않은 법률은 모두 무효하며 단언컨대
법률이 아니다. 영국의 인민은 자유라고 생각하지만 그것은 크나큰 착각
이다. 그들이 자유로운 시간은 의원을 선출할 때뿐이며 의원이 선출된 직
후부터 영국 인민은 노예가 되어 무로 돌아간다.

그리스인 통치하에서는 인민이 해야 하는 모든 일이 인민 자신에 의해 이루
어졌다. 인민은 끊임없이 광장에 모여 모든 일을 의논했다. (중략) 노동은
노예에 의해 행해지고 인민의 큰 관심사는 자신의 자유에 관한 것이었다.

— 루소, 《사회계약론》(3-15)[23]

── 루소는 영국인을 '노예'라 매도하면서 노예제에 입각한 고
대 그리스의 직접 정치를 찬미하는 것 같아요.

루소의 이상 국가상을 정리해보면 다음과 같습니다.

1. 개인이 생명과 소유 등의 자연권(기본적인 인권)을 모두 국가에 양도한다.
2. 공공의 복지를 지향하는 '일반 의지'에 개인의 의지인 '특수 의지'가 복종한다.
3. 대의제는 기만이다. 입법은 직접 민주정에 의해 이루어져야 한다.

　루소는 고대 아테네와 같이 혹은 그의 조국 제네바처럼 서로 얼굴을 다 아는 도시국가를 전제로 본인의 이론을 펼치고 있다는 느낌이 듭니다. 이러한 원칙을 대국에 적용하는 것은 무리가 따를 수밖에 없으며 연방제를 이행해야 한다고도 말했죠.
　이러한 루소의 이상을 현실화시키려 했던 사람이 막시밀리앙 로베스피에르(Maximilien de Robespierre, 1758~1794)입니다. 로베스피에르는 프랑스 혁명의 최고 지도자로서 공포 정치를 단행하고 반혁명 용의자로 수천 명을 단두대에 보낸 인물로 유명하죠.
　북프랑스의 아라스에서 태어난 로베스피에르는 생후 얼마 지나지 않아 모친과 이별하고 열 살 때 변호사였던 아버지가 빚으로 허덕이다 실종되는 바람에 어린 동생들을 먹여 살리기 위해 소년 '가장'이 되었습니다.

　유년 시절의 환경이 루소와 비슷했지만 향락적이고 방랑자적인 인생을 살았던 루소와 달리 감정을 겉으로 드러내지 않는 냉철한 소년으로 자란 로베스피에르는 '가장'의 역할을 다하기 위해 장학금을 받으면서 고학을 계속합니다. 고교 시절, 즉위식을 마친 국왕 루이 16세(Louis XVI, 1754~1793) 일행이 학교를 방문하는 일이 있었는데 성적이 가장 우수했던 로베스피에르는 그날 학교 대표로 국왕을 찬양하는 시를 낭송하게 됩니다.

　그 무렵 로베스피에르는 루소의 저작들에 심취해 탐독하고 있으면서 말년의 루소를 찾아가 본인의 열렬한 마음을 바칠 헌사를 쓰고 있었죠. 졸업 후에는 변호사가 되어 '제3신분'이라 불리는 평민들, 약자들에 대해 깊이 공감합니다.

신처럼 숭고하신 분이시여! 당신께서는 내가 누구인지 나의 천성의 존엄을 해주셨습니다. 일찍이 당신께서는 내 본질의 존엄성을 알게 하셨고 사회 질서의 대원리를 생각하고 반성하게 하셨습니다. 오래된 탑은 무너져 떨어지고 폐허 속에서 새로운 탑이 세워졌습니다. (중략) 나는 만년의 당신을 만났습니다. (중략) 나는 품격 높은 당신의 얼굴을 보았으며 그 얼굴에서 인간 세계의 부정이 당신에게 새긴 어두운 슬픔의 흔적을 발견했습니다. 나는 진리의 숭배에 바치는, 귀중한 생명의 고통을 이해하고 그 고

통 앞에서 멈칫할 수밖에 없었습니다.

—《장 자크 루소의 망혼에 바치는 로베스피에르의 헌사》[24]

봉건 귀족에 의한 토지 대금 징수와 강제 노동, 몇 년 동안 이어진 이상 기후로 농민의 삶은 피폐해질 대로 피폐해지고, 계몽사상을 수용한 도시의 부유한 시민과 일부 귀족은 영국형 입헌군주정을 갈망하고 있었습니다. 루이 16세는 숙적 영국에 반격하기 위해 미국 독립 전쟁에 참전하지만 이로 인해 재정이 큰 압박을 받게 됩니다. 재무장관 네케르(Jacques Necker, 1732~1804)가 귀족에 대해 면세 특권을 폐지하겠다는 계획을 발표하자 이에 맹렬하게 반발하던 귀족은 이 문제를 논의하기 위한 삼부회(중세 이후의 프랑스 의회로 성직자, 귀족, 평민 대표로 이루어짐)의 개최를 요구했습니다.

1789년, 174년 만에 개최된 삼부회 선거에서 로베스피에르는 제3신분(평민) 대표로 입후보해서 당선되죠. 베르사유 궁전에서 열린 삼부회가 서로의 이해와 주장을 관철시키고자 분규하자 제3신분 대표들은 궁전에서 나와 옥내 테니스 코트에 모여 국민의회의 결속을 다짐한 뒤 헌법을 제정하고 사회 질서를 회복할 때까지 결코 해산하지 않을 것임을 선언합니다(테니스 코트의 서약).

이에 대해 루이 16세가 의회의 탄압을 꾀한 것이 원인이 되어 파리 시민이 무장봉기(바스티유 감옥 습격 사건)하면서 프랑스 혁명은 시작되었습니다. 하지만 국민의회에서 주도권을 쥔 사람은 로베스피에르가 아니라 미국 독립 전쟁에서 공을 세운 라파예트 후작이었습니다.

라파예트는 로크의 사상에 영향을 받은 자유주의 귀족이었죠. 그는 입헌군주정의 수립과 토지를 가진 귀족을 유권자로 하는 제한선거를 이루기 위해 헌법 제정에 착수하고 헌법 전문으로써 '인권선언' 초안을 작성합니다. 그리고 그로부터 2년 후 프랑스 최초의 헌법이 반포되기에 이르죠.

── 루이 16세가 이 헌법을 받아들였다면 영국형 입헌군주정이 실현될 수도 있었다는 말인가요?

왕비 마리 앙투아네트(Marie Antoinette, 1755~1793)가 본가인 오스트리아 합스부르크가와 연락을 취해 국왕 일가가 국외로 도망갈 수 있도록 계략을 짠 일이 실패로 돌아가고 국왕 일가를 걱정한 오스트리아가 프랑스 국경에 군대를 결집시켜 압력을 가한 것이 계기가 되어 프랑스 혁명 정권은 정당파(주로 귀족)와 공화파(지롱드파, 주로 부유 시민)로 분열하게 됩니다.

제한선거로 인해 의회에서 배제된 로베스피에르와 그를 추종하는 사람들은 자코뱅 수도원을 거점으로 빈번히 연설회를 열었어요. 자코뱅파라고도 불린 로베스피에르파가 주장한 토지의 분배, 보통 선거 등은 하층 시민들의 열렬한 지지를 받았죠.

　　국경에서는 귀족의 태업으로 프랑스 정규군이 오스트리아군의 침입을 허락하고 맙니다. 이에 자코뱅파는 비상 사태를 선언하고 전국에 전단지를 돌려 의용군으로 참가할 것을 요구했습니다. 이에 응해 전국에서 몰려든 농민과 하층 시민 수만 명이 파리에서 결집하게 됩니다.

　　1792년 8월 10일, 파리 시민과 의용군은 튈르리 궁전을 습격해 국왕 일가를 체포합니다. 그리고 이어서 왕정파로 보이는 사람들을 속속 체포하면서 감옥을 대신했던 궁전에는 '반혁명 용의자'로 가득 찼습니다. 그리고 그들이 반란을 일으킨다는 소문이 퍼지자 성난 군중들이 감옥으로 몰려들어 즉결 심판으로 죄인들을 처형하기에 이르죠(9월 학살).

　　이와 같은 민중의 폭력을 등에 업고 로베스피에르를 중심으로 한 자코뱅파는 지롱드파를 협박해 프랑스 최초로 남자들만 참여하는 보통 선거를 실시하고 국민공회를 개최합니다. 또한 왕권의 정지와 공화정 수립을 선언한 뒤 로베스피에르는 전 국왕 루이 16세의 처형을 발의하고 이를 가결시킵니다.

루이는 왕이었습니다. 그리고 공화국은 창건되었습니다. (중략) 만약 루이가 무죄 방면된다면, 결백하다고 추정된다면 혁명은 어떻게 될까요? 만약 루이가 결백하다면, 자유의 옹호자는 모두 중상자가 됩니다. (중략) 루이가 지금까지 받아온 구류 그 자체가 부정한 굴욕이 됩니다. 연맹병(지방에서 온 의용군)과 파리의 인민, 프랑스의 모든 애국자들은 죄인이 됩니다. (중략) 이 대재판은 결국 죄와 폭정의 승리로 끝나고 맙니다. (중략) 조국이 살아남기 위해서 루이는 죽어 마땅합니다.

— 〈**1792년 12월 국민공회에서 로베스피에르의 연설**〉[25]

—— 영국 혁명 때와 마찬가지로 과격파가 주도권을 쥔 것 아닌가요?

　　루이 16세의 처형은 다음 해 1793년 1월 파리 혁명 광장 단두대에서 집행되었습니다. 단두대는 국민의회 의원이면서 의사였던 기요탱 박사(Joseph-Ignace Guillotin, 1738 1814)의 제안에 따라 고안되었어요. 어느 누구에게나 같은 방법으로 행해지는 평등한 사형법으로, 기존의 작두에 의한 참수보다 고통이 적은 '인도적인' 방법이라는 것이 도입 배경이죠.
　　루이 16세의 처형으로 유럽의 왕들은 충격에 빠졌습니다. 각국은 대불대동맹(프랑스에 대항하기 위하여 유럽 여러 나라가

1792년에서 1813년 사이에 다섯 차례에 걸쳐 맺은 동맹을 통틀어 이르는 말—옮긴이)을 결정해 군사 개입을 시작하고 프랑스 혁명은 다시 위기를 맞게 됩니다.

국민공회에서 자코뱅파 의원이 차지하는 비율은 25퍼센트, 부유 시민 대표인 지롱드파도 같은 25퍼센트를 점하고 있었죠. 그리고 나머지 50퍼센트는 무당파 의원이었습니다. 혁명의 변화를 두려워한 지롱드파는 '독재를 꿈꾸는 당파의 수령'이라며 로베스피에르를 규탄했습니다. 궁지에 몰린 로베스피에르는 대토지 소유 제한처럼 루소가 했던 정책을 실현하기 위해 민중의 무장 봉기에서 활로를 찾고자 했습니다.

"프랑스에는 두 개의 당파밖에 존재하지 않는다. 인민과 그리고 그 적이다."[26]

"나는 인민들을 향해 부패한 의원을 몰아내기 위해 봉기하고 국민공회에 뛰어들 것을 권고한다!"[26]

1793년 5월 26일, 로베스피에르가 자코뱅 클럽에 이렇게 외치자 민중은 다시 봉기했고 폭력 투쟁을 통해 선거에서 뽑힌 지롱드파 의원들은 모두 국민공회에서 배제되었습니다. 이로써 자코뱅파는 사실상 내각인 공안위원회를 독점하고 이어 입법을 강행했어요.

- 방토즈(풍월)법: '인민의 적'인 자산을 몰수해 인민에게 분배
- 최고가격령: 식료품 가격을 통제해 물가 인상을 억제. 위반자는 반혁명죄로 처벌
- 봉건지대의 무상 폐지: 귀족의 대토지 소유를 금하고 토지를 농민에게 분배
- 혁명 달력 도입: 공화정 수립인 1792년을 원년으로 하는 혁명력 도입. 그리스도교력 폐지

"평화 시 인민 정부의 기초가 덕(德)이라고 한다면 혁명 시 인민 정부의 기초는 덕과 공포(테뢰르) 이 두 가지다. 덕 없는 공포는 재앙을 낳고 공포 없는 덕은 무력을 낳는다."[27]

로베스피에르는 이 말을 실행에 옮겼습니다. 그 계기는 마라의 죽음이었죠.

1793년 7월, 자코뱅파의 유력한 공안 위원이었던 마라(Jean Paul Marat, 1743~1793)가 자택에서 살해되었습니다. 피부병으로 고생하다 약초탕에서 요양 중이었던 마라를 찾아온 젊은 여성에게 피격을 당한 것이죠. 범인은 지롱드파가 보낸 테러리스트였어요.

새 공안 위원으로 선출된 로베스피에르는 이를 계기로 혁

명 정권 방위를 위해 공포 정치를 단행합니다. 혁명 재판소에서는 '인민의 적'으로 고발된 자를 가차 없이 처단했으며 이때 마리 앙투아네트와 지롱드파의 주요 인물들이 처형당했어요.

'지롱드파의 여왕'이라 불리던 롤랑 부인(Madame Roland, 1754~1793)은 단두대에 올라 형장 옆에 세워져 있던 자유의 상을 향해 이렇게 외쳤습니다.

"오오 자유여! 그대의 이름으로 얼마나 많은 범죄가 행하여졌는가!"

숙청은 자코뱅파 내부로까지 확산되었습니다. 로베스피에르와 같은 혁명가 당통(Georges Danton, 1759~1794)은 호탕한 성격으로 정이 많고 사자와 같이 강렬하고 시원시원한 언변으로 민중의 열광적인 지지를 받던 사람이에요. 하지만 한편으로는 지롱드파와도 이어져 있으면서 부정하게 축재했다는 소문도 있었죠. 당통을 마음에 들어 하지 않았던 로베스피에르는 그럼에도 당통의 카리스마가 필요했어요. 하지만 당통이 로베스피에르와 회담 중에 공포 정치를 비난하자 의구심이 확신으로 바뀐 로베스피에르는 당통을 배신자로 지목하기에 이르렀습니다.

두 사람이 헤어진 직후에 로베스피에르는 당통과 그 일당을 체포하라는 명령을 내립니다. 법정에서 발언을 금지당한 당통에게 사형 선고가 내려지고, 단두대로 향하는 마차가 로베스피에르 집 앞을 지날 때 당통은 이렇게 외쳤습니다.

"다음은 네 차례가 될 것이다!"

공포 정치는 지방에까지 세력을 뻗쳤어요. 국민공회에서 전권을 위임받은 파견 의원이 전국적으로 돌며 교회의 재산을 몰수하고 반혁명파를 체포했습니다. 징병을 실시하기도 했어요.

1793년 북서부의 방데에서는 혁명 정권에 의한 교회 탄압과 징병에 항거하는 농민들의 대규모 반발이 이어졌어요. 행상인 출신의 카트리노(Jacques Cathelineau, 1759~1793)를 앞세운 반란군은 자칭 가톨릭 왕정군이라는 이름을 내걸고 혁명 정권에 맞섰으며 지방 귀족의 왕정파도 여기에 합류했습니다.

국민공회는 "반란에 관여했을 가능성이 있는 자는 남녀노소를 막론하고 용서치 않고 섬멸한다"는 결의안을 발표하고 방데 지방의 반란군과 전면전을 선포합니다. 카트리노는 이 전쟁에서 전사하게 되고 패잔병들은 난민이 되어 도망을 꾀했으나 결국 혁명 정부군에게 잡히고 맙니다. 포로가 된 이들은 폐선에 태워져 루아르 강에 잠기는데 포로 가운데 한 농민은 "나의 신을 되돌려 달라!"고 외치며 쓰러지기도 했습니다. 방데 지방의 소박한 농민들이 혁명 정권에 의해 '인민의 적'으로 몰린 것이죠.

프레리알 22일 법(1794년)

- 공공의 자유를 위력과 속임수로 파괴하고자 하는 자를 '인민의 적'으로 간주한다.
- 혁명 재판소가 관할하는 모든 범죄에 대한 처벌은 사형이다.
- 판결의 준칙은 조국에 대한 사랑으로 계몽된 배심원의 양심에 따른다.

로베스피에르가 '공공의 자유'를 논할 때 그는 머릿속으로 루소의 '일반 의지'를 염두에 두고 있었을지도 모릅니다.

단두대의 칼날이 쉴 새 없이 떨어지자 혁명에 열광하던 민중은 밀물처럼 빠져나갔어요. 국민공회 의장에서 벌어지던 의론도 자취를 감추고 로베스피에르가 '인민의 적'이라고 외치는 소리만이 울려 퍼졌죠. 남은 의원들은 언제 고발당할지 몰라 두려움에 떨면서 의심과 불안한 마음을 안고 조용히 반격을 준비했습니다.

1794년 혁명력 테르미도르(11월) 9일, 국민공회는 '폭군 타도!'를 외치는 군중들이 몰려와 로베스피에르의 연설을 중단시키고 그를 체포할 것을 결의했습니다. 파리 시청으로 철수한 로베스피에르는 국민공회의 타도 봉기를 외치는 문서에 서명하지만 국민공회파의 병사가 난입해 로베스피에르의 턱을 가격하여 체포합니다.

다음 날 혁명 재판소는 '공공의 이익'을 위협했다는 죄목으로 로베스피에르와 그 일당에게 사형 판결을 내리고 즉시 단두대로 보냅니다. 당통의 예언이 그대로 적중한 거죠.

로베스피에르의 독재는 겨우 1년여에 불과했지만 파리에서만 약 1,400명에 달하는 사람이 단두대로 보내지거나 그 밖의 다른 방법으로 목숨을 잃었습니다. 추정하기로는 전국에서 2만 명 정도가 희생이 되었다고 합니다.

로베스피에르가 36세, 당통이 34세였던 해, 엄청난 피를 흘리고 프랑스 혁명은 막을 내렸습니다. 하지만 전쟁은 그 뒤로도 계속 이어져 나폴레옹의 제1제정 → 패전에 따른 왕정복고 → 7월 왕정 → 2월 혁명에 따른 제2공화정 → 나폴레옹 3세의 제2제정 → 프로이센-프랑스 전쟁에서의 패전으로 인한 제3공화정 → 파리 코뮌의 실패 등 이렇게 쉴 새 없이 정치 체제가 바뀌면서 그때마다 수많은 피를 흘리지 않으면 안 되었습니다.

같은 시기의 영국이 입헌군주제 아래에서 안정된 2대 정당제를 실현시키고 조금씩 참정권을 확대해간 것과는 매우 대조적이죠.

루소의 《사회계약론》은 메이지 시대에 자유민권 운동의 지도자였던 나카에 초민(中江兆民, 1847~1901)이 《민약론(民約論)》이라는 이름으로 번역해 세상에 알린 이래 일본에서는 민주주의의 바이블처럼 취급되었습니다. 유럽과 미국에서는 오히려 루소의 사상을 전체주의(일당독재체제)에 가깝다고 지적하는 지식인들이 많은 것을 보면 특이한 일이라고 할 수 있습니다.(버트런드 러셀과 한나 아렌트, 카를 슈미트 등)

도덕적으로 선한 자만이 자유이며 스스로를 국민이라 부르고 국민으로 동화할 수 있는 자격이 있다. '덕(德)'을 가진 자만이 정치 문제 해결에 가담할 자격을 가지며 그래야만 이와 이어진 귀결을 볼 수 있다. 정적(政敵)은 도덕적으로 부패해 있으므로 무력하게 만들지 않으면 안 되는 노예다. 만약 다수가 타락해 있다는 것이 판명되었다면 덕을 가진 소수파는 '덕'의 승리를 이끌어내기 위해 모든 폭력적 수단을 동원해 타파해야 한다. (중략) 자유로운 국민에 의한 자기 지배를 방관해서는 안 되는 권리로 보고 이것을 근본 공리로 하는 《사회계약론》은 독재를 정당화시키고 자유로운 전제 정치를 위한 도식을 제공하는 이론이다.

　　　　　　　　　　　　　　　　—카를 슈미트, 《독재론》(3장)[28]

　　20세기가 되면서 히틀러, 스탈린, 마오쩌둥, 김일성, 폴 포

트와 같은 인물이 등장해 장기간에 걸쳐 전체주의 체제를 확립해나갔습니다. 그들은 모든 것을 공동체에 헌상할 것을 인민에게 요구하고 그에 따르지 않는 자를 '민족의 적' 혹은 '인민의 적'으로 간주하고 살육했죠. 폴 포트가 이끄는 캄보디아 공산당은 자본주의에 오염된 도시 주민과 지식인 수백만 명을 학살한 것으로 유명합니다.

프랑스 혁명에 가담한 사람들에게 루소의 이론이 매력적으로 보인 배경은 그가 다수자를 한 사람의 인간으로 치환시킬 수 있는 매우 뛰어난 수단을 발견해 정확히 제시했기 때문이다. 일반 의지라는 것은 많든 적든 다수를 하나로 잇는 것 이외에 아무것도 아니기 때문이다.

로베스피에르에서 레닌, 스탈린에 이르기까지의 공포 정치 이론은 전체의 이해관계가 자동적으로 시민의 특수 이해와 양립하는 일은 절대로 있을 수 없다는 것을 전제로 한다.　　　　　**—한나 아렌트, 《혁명론》(제2장)[29]**

　　카를 슈미트(Carl Schmitt, 1888~1985)는 독일의 바이마르 공화국을 비판하고 나치독재체제에 이론적 토대를 제공한 인물이며 한나 아렌트(Hannah Arendt, 1906~1975)는 이와 반대로 나치즘과 공산주의를 철저히 비판한 인물입니다. 두 사람의 입장은 전혀 상반되지만 루소에 주목하고 있다는 점은 일치해요.

프랑스 혁명이 발발하기 10년 전에 사망한 루소가 전체주의라는 디스토피아를 예견하지 못했다고는 하나, 그의 사상에는 그러한 '독'이 내포되어 있었음을 간과해서는 안 됩니다.

인류 역사상 가장 큰 대량 학살이 이루어졌던 20세기 악몽을 반복하지 않기 위해서 역사를 통해 겸허하게 배우는 자세가 무엇보다 중요하죠.

전쟁과 평화

고대 그리스 로마에서 현대에 이르기까지 전쟁의 원인을 둘러싼 두 가지 큰 대립 축을 제시하고 전쟁 발발을 억제할 수 있는 자구책으로서의 국제법과 집단 안전 보장 체제(국제연합)가 성립되기까지의 과정에 대해 살펴본다.

제2전의 주요 등장인물

마키아벨리

칸트

1

고대 그리스와 로마의 전쟁관

'힘이 곧 정의', '지면 노예가 된다'라는 의식을 가진
고대인의 단순한 전쟁관에 대해 살펴보자.

세계사는 곧 전쟁의 역사라고 해도 과언이 아닙니다. 이번에는 사상가들이 전쟁에 대해 어떤 생각을 가지고 있었는지 살펴보도록 하죠.

전쟁의 비극을 그린 문학 작품은 수없이 많습니다. 그중에서 그리스 신화에 나오는 가장 유명한 전쟁은 트로이 전쟁입니다. 10년 간 계속된 이 전쟁은 트로이 성이 불에 타 함락되면서 그리스 연합군의 승리로 끝이 납니다. 트로이 왕의 왕비 헤카베 (Hekabe)는 사랑하는 아들들과 남편이 전사하는 모습을 끝까지 지켜본 후 살아남은 여자들과 함께 그리스군의 노예로 끌려갑니다. 승리한 정복자들에게 '전리품'으로 팔려가는 운명에 처한 헤카베, 그녀의 딸은 적장 아킬레우스의 무덤 앞에 산 제물로

바쳐졌죠.

마지막 희망이었던 어린 손자는 트로이 왕가의 피를 끊는 다는 명목하에 그리스 병사가 성벽에서 밀어내 죽임을 당하고 말았습니다. 왕국의 미래를 상징했던 젊은 왕자가 싸늘한 주검 이 되어 그녀 앞에 놓였습니다.

죽은 손자의 유해를 끌어안고 통곡하는 헤카베. 옷을 갈아 입히고 장례를 치러주던 헤카베는 눈물이 마를 틈도 없이 그리 스 병사에게 끌려갑니다.

끝없이 이어지는 이 불행의 끝은 어디란 말인가. 불타는 고국을 뒤로 하고 떠나야 하다니. (중략) 오래 전 아시아 민족을 통치하고 의기양양하게 솟 아 있던 트로이가 결국 이렇게 영광의 이름을 잃을 줄이야. 적들은 성을 불태우고 우리를 노비로 삼아 조국을 영영 떠나게 하는 구나. 오 신이시 여. 지금 와서 신의 이름을 부른들 무슨 소용이 있겠습니까. 지금까지 수 천 번 그 이름을 부르며 애원했으나 들어준 적 없는 신이여.

—에우리피데스, 《트로이의 여인들》[1]

에우리피데스(Euripidēs, BC 484?~BC 406?)의 《트로이의 여인들》은 2,400년 전에 쓰인 그리스 희곡이지만 현대인이 봐 도 가슴을 에는 듯한 아픔이 절절히 느껴집니다. 스토리의 무대

를 현대 팔레스타인이나 유고, 아프가니스탄 혹은 이라크로 옮겨도 아무런 위화감이 느껴지지 않을 정도죠.

《트로이의 여인들》에는 그럴듯한 실화가 바탕에 깔려 있습니다. 고대 그리스는 폴리스라 불리는 수백 개의 도시국가로 나뉘어 끊임없이 전쟁을 벌여왔어요. 가장 세력이 강했던 해군 대국 아테네와 라이벌인 육군 대국 스파르타가 자웅을 겨루는 전쟁(펠로폰네소스 전쟁)이 시작되자 약소 도시국가는 강제적으로 어느 한 쪽 편에 서야 했죠.

스파르타에서 이주해온 사람들이 건설한 약소 도시국가 멜로스 섬은 아테네와의 전쟁을 원하지 않고 중립을 선언했습니다. 하지만 아테네는 멜로스 섬에 함대를 보내 무조건적으로 속국이 될 것을 종용했어요. 멜로스 섬이 스파르타 공략을 위한 군사적 요지였기 때문이죠.

"왜 중립을 인정해주지 않는 것인가. 정의라는 것은 존재하는 않는가?"

간원하는 멜로스 대표에게 아테네 수장이 말합니다.

"정의란 대등한 상대에게만 요청할 수 있는 것이다. 약자는 명령에 복종해야 한다. 약자와 타협하면 타국으로부터 멸시를 당한다. 우리는 그것을 원하지 않는다."

제군들이 알고 있고 우리가 알고 있듯이, 이 세상에 통하는 논리로 정의인가 아닌가를 결정하는 것은 그들의 세력을 가늠할 수 없을 때 뿐이다. 강자와 약자의 사이에서는 강자의 기세가 얼마나 크냐에 따라 약자가 양보하고 물러서는 것 말고 다른 가능성은 없다.

—투키디데스, 《전쟁사》(5-89)[2]

하지만 멜로스의 민회는 독립을 지키기 위해 아테네의 요구를 거부하고 전쟁 준비를 합니다. 그 결과, 아테네는 대군을 보내 침공에 나섰고 멜로스는 참패했습니다. 병역에 나설 수 있는 남자들은 모두 처형되고 여자와 아이들은 노예로 팔려갔죠. 주민들이 사라진 멜로스 섬에는 아테네 사람들이 들어와 새로 길을 만들었어요.

여기서 주목해야 할 점은 아테네가 전쟁의 대의나 정당성을 주장하는 것이 아니라 단지 강자로서의 권리를 주장하고 약자 멜로스를 굴복시켰다는 것입니다. 정의를 외친 것은 오히려 멜로스 쪽이었죠. 아테네의 승리는 정의의 실현이 아니라 단순히 군사력에 의한 학살에 불과합니다. 입으로 정의를 외치면서 힘이 없는 약자는 멸망해야 마땅하다는 모순된 사상인 것입니다.

이러한 단순한 전쟁관은 로마 시대에까지 이어집니다.

이탈리아 반도를 통일한 공화정 로마가 북아프리카(지금의 튀니지)에 위치한 대상업 국가 카르타고를 무찌르고 지중해의 패권자로 등극한 것은 세 차례에 걸쳐 발발한 포에니 전쟁(BC 264~BC 146) 덕분이었습니다. 제2차 포에니 전쟁에서는 카르타고의 영웅 한니발(Hannibal, BC 247~BC 183?)이 기병대와 코끼리를 이끌고 로마 본토를 공격해 들어가 칸네 전투로 로마군을 초토화시키면서 큰 타격을 입혔습니다. 이후 로마군은 전력을 재정비해 스키피오(Publius Cornelius Scipio, BC 237~BC 183) 장군의 지휘하에 카르타고 본토를 공격해 다시 극적으로 승리하게 됩니다. 이것이 자마 전투(BC 202)이죠.

전쟁에서 승리한 후 로마가 강압적으로 요구한 내용은 다음과 같은 것들이었어요.

1. 카르타고의 모든 해양 영토 몰수, 배상금 지불
2. 군함은 10척까지만 보유할 수 있다.
3. 로마의 허가 없이는 전쟁을 일으킬 수 없다.

카르타고는 이 조건들을 받아들이고 와신상담해 경제 발전을 통해 국토 재건에 힘을 쏟습니다.

50년에 걸쳐 갚아야 할 배상금을 일찍 갚은 카르타고는 로마의 상업을 위협할 정도로 성장했고 이에 위기를 느낀 로마 공화정의 최고재판소인 원로원에서는 카르타고 경계론이 확산되었습니다.

카르타고에서 재배한 신선한 무화과나무를 손에 들고 원로원의 연단에 선 대(大)카토(Marcus Porcius Cato, BC 234~BC 149)는 이렇게 호소합니다.

"로마에서 불과 3일이면 갈 수 있는 곳에 이런 훌륭한 무화과를 생산하는 나라가 있다. 카르타고를 멸망시켜야 한다."

카르타고는 로마와 동맹을 맺은 인접 국가 누미디아의 끊임없는 군사 도발에 시달리게 되고 로마는 이를 알면서도 모르는 체했어요. 카르타고는 결국 자주 방위를 결단하고 무기를 다시 정비하기 시작했죠. 이에 대해 로마는 "군사 정비를 포기하겠다고 약속한 휴전 협정을 위반했다"는 명목으로 카르타고에 선전포고를 하고 제3차 포에니 전쟁을 일으킵니다.

로마군에게 40일간 포위되면서 식량 조달이 단절된 카르타고는 굶어 죽는 시민이 속출하며 결국 함락되고 말았습니다. 살아남은 카르타고 시민 전원은 노예가 되어 로마군에게 끌려갔죠. 건물은 벽돌 하나까지 남김없이 부서지고 빈터나 남은 땅에는 소금이 뿌려졌어요.

이 전쟁에서도 로마는 정의를 주장하지 않습니다. 로마는 카르타고가 경제적·군사적으로 자신들을 위협할 수 있는 존재였기에 자신들이 살아남기 위해 카르타고를 멸망시켰어요. 압도적인 군사력으로 지중해 세계를 통일한 로마 제국에 대항할 만한 세력이 사라지자 그 후 200년간 평화가 실현됩니다. 이것을 '팍스 로마나(Pax Romana, 로마의 평화)'라고 명명한 사람은《로마제국 쇠망사》를 쓴 영국의 역사가 에드워드 기번(Edward Gibbon, 1737~1794)이었죠. 기번이 살았던 시대는 영국 해군이 압도적인 힘을 자랑하며 19세기 팍스 브리타니카(Pax Britannica)를 실현했던 시대입니다. 팍스 로마나와 팍스 브리타니카의 실현이 가능했던 것은 로마나 영국이 평화주의라서가 아니라 압도적인 군사력으로 타국을 압도했기 때문이죠.

로마군에게 침략당한 스코틀랜드 원주민 지도자는 이런 말을 남겼습니다.

"(로마인은) 파괴와 살상과 약탈, 이 모든 것을 '지배'라는 이름으로 자행하고 폐허를 만든 뒤 이것을 '평화'라는 교묘한 이름으로 부른다."[3]

영국군에 유린당한 아프리카나 인도 사람들도 같은 생각을 했을 것입니다.

로마 제국이 붕괴의 위협이 치닫던 무렵, 아우구스티누스는《신국론》을 써 그리스도교 신학의 기초를 확립합니다. 그가 태어난 시대는 고대 로마의 다신교가 쇠퇴하고 그리스도교가 최후의 승리를 거둔 시대였습니다. 아우구스티누스는 '육체적인 욕망에 사로잡혀 미처 날뛰던' 청춘 시절을 보내고 플라톤 철학에서 마니교(페르시아에서 기원해 금욕 사상을 설파한 이원론 종교)로 사상 편력을 이어갔습니다(그는 내면의 갈등을 고백한 자서전《고백론》에서 본인의 사상 편력을 적나라하게 기술하고 있다).

아우구스티누스는 서른 살이 지나자 다시 그리스도교로 회심해 수도사가 되었죠. 그리고 10년 후에는 출신지인 북아프리카의 히포에서 주교로 선출됩니다. 그런데 그 직후 민족 대이동이 시작되면서 로마 제국은 동서로 분열되고 서로마 제국은 급속히 붕괴되기 시작했습니다.

게르만인과 한 족속인 서고트인들이 수도 로마를 약탈하는 일이 벌어지자 전통적인 로마의 신들을 믿던 다신교도들은 인류가 그리스도교로 개종한 것에 대해 신들의 분노가 재앙으로 나타나는 것이라 해석하고 그리스도교를 공격합니다.

《신국론》은 이런 사태 속에서 그리스도교도들의 반론에 힘을 실어주기 위해 쓰인 책이에요. 아우구스티누스는 그의 책 속에서 옳은 전쟁과 잘못된 전쟁이 있으며 군주의 명성이나 영토 획득과 같은 욕망을 위해 행해지는 전쟁은 옳지 않다고 주장했습니다.

정의가 사라질 때 왕국은 도둑 이외에 무엇이 될까. (중략) 알렉산드로스 대왕에게 붙잡힌 어떤 해적이 알렉산드로스 대왕에게 남긴 말은 진실의 정곡을 찌르는 매우 적절한 말이다. 대왕이 해적에게 "바다를 황폐하게 하는 이유는 무엇인가"라고 묻자 해적은 조금의 망설임도 없이 "폐하가 전 세계를 황폐하게 하는 것과 같은 이유입니다. 다만 저는 작은 배로 이행하니 도적이고 폐하는 대함대로 움직이니 대왕으로 불리는 것뿐입니다"라고 대답했다. **—아우구스티누스, 《신국론》(4-4)⁴**

이 일화는 공화정 로마를 대표하는 정치가 키케로(Marcus Tullius Cicero, BC 106~BC 43)의 말에서 인용한 것이죠. 키케로는 종신 독재관이었던 카이사르의 최대 정적으로, 신변의 위험을 불사하고 정권을 향해 끊임없이 쓴소리를 했던 강직한 사람이었습니다. 카이사르가 원로원 의장에서 테러로 쓰러진 뒤, 키케로는 테러리스트의 배후 인물로 의심을 받고 카이사르의 측근이었던 안토니우스(Marcus Antonius, BC 83~BC 30)에 의해 살해됩니다. 알렉산드로스에 대한 풍자는 카이사르에 대한 풍자로도 해석할 수도 있죠.

고대 중국, 춘추 전국 시대의 사상가 묵자(墨子, BC 479?~BC 381?)와 관련해서도 이와 비슷한 일화가 있습니다.

한 사람을 죽이면 그를 불의(不義)라 하고 반드시 죄를 묻는다. (중략) 열 사람을 죽이면 열 번 불의를 반복하고 반드시 열 번 그 죄를 묻는다. 백 사람을 죽이면 백 번 불의라 하고 반드시 백 번 그 죄를 묻는다. (중략) 천하의 군자들이 그르다는 것을 알기에 불의라 비난한다. 지금 남의 나라를 공격하려는 헤아릴 수 없이 큰 불의를 저지르는데도 그것이 불의인 줄 모르고 그것을 칭송하고 의(義)라고 하는 자들이 있다.

—《묵자》(비공편 상)[5]

한 사람, 열 사람, 백 사람을 죽이면 불의한 자가 되어 대역죄인으로 몰리고 반드시 처형을 받습니다. 그런데 군주가 다른 나라를 침략해 수천, 수만 명을 죽이면 대의라고 합니다. 이건 정말 말도 되지 않는 소리라는 것이 그의 논법이죠. 하지만 묵자 교단을 프로 용병대라고 보는 사람도 있을 정도로 묵자도 방위 전쟁에는 적극적으로 나설 것을 강조했습니다. 적극적으로 공격하지는 않아도 공격을 당했을 때는 철저히 항전하는 것, 공상적 평화주의와는 정반대로 철저한 리얼리즘을 바탕으로 한 '전수방위(최소한의 범위에서 방위력을 행사한다)' 사상이라고 할 수 있습니다.

신의 위대한 질문
배철현 지음 | 값 28,000원

인간의 위대한 질문
배철현 지음 | 값 24,000원

서울대 종교학과 배철현 교수가 던지는
궁극의 화두!

군주의 거울, 키루스의 교육
군주의 거울, 영웅전
김상근 지음 | 각 권 값 23,000원

우리는 지금 어디로 가야 하는가!
고전에서 찾은 '위기 극복의 인문학'

에디톨로지
김정운 지음 | 값 18,000원

유쾌한 인문학으로 돌아온 김정운의 신작!

창조는 기존에 있던 것들을 구성하고, 해체하고, 재구성한 것의 결과물이다. 세상의
모든 창조는 이미 존재하는 것들의 또 다른 편집이라는 뜻이다. 그 편집의 과정에 저
자는 주목했고, 이렇게 명명했다. 에디톨로지(Editology)!

아이의 미래를 바꾸는 학교혁명
켄 로빈슨 지음 | 값 18,000원

10년 연속 1위 TED 최고의 명강연
"타고난 아이의 창의력, 학교가 죽인다!"

세계적으로 최대 쟁점인 교육제도의 혁신에 대한 해결책을 소개하는 책. 시험으로 평
가하는 '표준화교육'의 문제점을 적나라하게 지적하면서 어떤 아이라도 외면하지 않는
'개인 맞춤형 교육'을 제시한다.

가끔은 격하게 외로워야 한다
김정운 지음 | 값 18,000원

내 삶의 주인 되는 김정운의 주체적 문화심리학

'고독 저항 사회' 대한민국, 우리는 왜 외롭기를 거부하는가? 100세 시대의 숙명, 외로움과 직면하라! 외로움에 익숙해져야 더는 외롭지 않게 된다. 4년간의 격한 외로움의 시간이 빚어낸 예술적 사유, 인문학적 성찰, 사회분석적 비평을 한 권의 책으로 만난다.

테드 토크 TED TALKS
크리스 앤더슨 지음 | 값 16,000원

'18분의 기적' TED가 공개하는 마법 같은 스피치 노하우!

2,100개의 무료 강연동영상, 전 세계 시청횟수 39억 뷰, '세상을 바꾸는 18분의 기적'이라 불리며 대중연설의 새로운 기준이 된 TED! 이 책은 TED처럼 말하는 화술뿐만 아니라 수석 큐레이터 크리스 앤더슨의 창의적 사고법, 사람들이 알고 싶어하는 TED에 관한 궁금증과 그 뒷이야기까지 흥미진진하게 풀어내고 있다.

하루가 달라지는 오후의 집중력
나구모 요시노리 지음 | 값 15,000원

집중력의 골든타임, 오후의 집중력

집중력을 흐트러뜨리고 건강마저 해치는 '수면, 식습관, 생활습관, 뇌, 마음가짐'의 집중저해인자에 대한 의학적 소견과 경험을 담았다. 몸도, 마음도 가볍게 비워 건강하게 집중하자. 집중력은 본래 가지고 있는 잠재능력을 발휘시켜 최소한의 노력과 체력으로 충실한 인생을 맛볼 수 있게 한다.

마흔, 논어를 읽어야 할 시간 1, 2
신정근 지음 | 1권 15,000원, 2권 16,000원

대한민국에 '마흔' 열풍을 몰고 온 베스트셀러!

인생의 굽잇길에서 공자를 만나다! 1권은 『논어』 중 101수를 선별하여 인생의 절반을 지나온 마흔에게 필요한 공자의 지혜를 담았고, 2권은 1권의 심화편으로 공자의 사상이 응축된 『논어』 속 네 글자를 통해 자신의 인생을 돌아볼 수 있는 계기를 제공한다.

누구를 위한 나라인가

김형오 지음 | 값 16,000원

김형오 전 국회의장이 바라본 한국 정치의 오늘과 미래

이 책은 지난 2년간 발생한 주요 정치 현안 및 사회적 사건에 대한 정론직필이다. 저자는 우리 사회의 병리와 적폐를 지적하며 이 나라의 주인은 진정 누구인가를 준엄하게 묻는다. 집단 이기주의의 덫에 빠진 줄도 모른 채 변화와 개혁을 부르짖는 이들에게 이 책이 각성제가 되기를 기대한다.

세상에서 가장 가난한 대통령 무히카

미겔 앙헬 캄포도니코 지음 | 값 16,000원

무히카에 관한 모든 것이 담긴 최초의 평전

가장 낮은 곳에서 국민과 함께 울고 웃어주는 대통령, 호세 무히카가 들려주는 인생의 길, 정치의 미래, 참된 삶의 가치! 6개월간의 인터뷰, 무히카의 생생한 육성으로 기록한 단 한 권의 책이다.

판사유감

문유석 지음 | 값 14,000원

현직 부장판사가 말하는 법과 사람 그리고 정의

저자 문유석 판사가 법관 게시판과 언론 등을 통해 지난 10여 년간 써 온 글들을 엮은 책이다. 좌로도 우로도 치우치지 않으면서 인간에 대한 신뢰를 담은 그의 따뜻한 시선이 냉소적인 시대를 살아가는 우리에게 위로와 희망을 준다.

한국인만 모르는 다른 대한민국

임마누엘 페스트라이쉬(이만열) 지음 | 값 15,000원

동아시아 문명학 전공 하버드대 박사의
대한민국 사회에 대한 통찰

21세기 르네상스를 이룰 수 있는 잠재력과 역량을 갖추고 있는 나라, 대한민국이 문화선도국가로서 국제사회에 영향력을 확대하는 과정에서 유념해야 할 조건을 담았다.

2

'정전(正戰)' 사상의 시대
—십자군에서 대항해 시대까지

휴머니티를 강조한 그리스도교가
전쟁을 어떻게 바꾸어놓았는지에 대해 살펴보자.

그리스도교가 확산되자 전쟁관은 큰 변혁을 맞이하면서 그
유명한 십자군으로 상징되듯 '부당한 것을 쓰러뜨리고 신의 정
의를 실현한다'는 '정전(正戰, Just War)' 사상이 확산됩니다.

── 그리스도교 특유의 사상이라는 생각이 듭니다.

그렇지 않습니다. 정전 사상은 그리스도교의 모체인 유대
교에서 이미 명백하게 밝히고 있죠. 《구약성경》에는 유대교의
예언자 모세의 인솔로 이집트를 탈출한 유대인이 그 후계자 여
호수아의 지휘로 이교도의 땅 예리코를 공격할 당시의 모습이
다음과 같이 자랑스럽게 기록되어 있습니다.

일곱 번째가 되어 사제들이 뿔 나팔을 불자 여호수아가 백성에게 말하였다. "함성을 질러라. 주님께서 저 성읍을 너희에게 넘겨주셨다. 성읍과 그 안에 있는 모든 것은 주님을 위한 완전 봉헌물이다. 다만 창녀 라합과 그 여자와 함께 집에 있는 사람은 모두 살려 주어라. 그 여자는 우리가 보낸 심부름꾼들을 숨겨 주었다. 너희는 완전 봉헌물에 손을 대지 않도록 단단히 조심하여라. 탐을 내어 완전 봉헌물을 차지해서 이스라엘 진영까지 완전 봉헌물로 만들어 불행에 빠뜨리는 일이 없게 하여라. 은과 금, 청동 기물과 철 기물은 모두 주님께 성별된 것이므로, 주님의 창고로 들어가야 한다." 사제들이 뿔 나팔을 부니 백성이 함성을 질렀다. 백성은 뿔 나팔 소리를 듣자마자 큰 함성을 질렀다. 그때에 성벽이 무너져 내렸다. 백성은 저마다 성읍을 향하여 곧장 앞으로 올라가서 그 성읍을 함락하였다. 그리고 남자와 여자, 어른과 아이, 소와 양과 나귀 할 것 없이, 성읍 안에 있는 모든 것을 칼로 쳐서 완전 봉헌물로 바쳤다.

—《구약성경》(〈여호수아기〉 6:16~21)[6]

그 후 팔레스타인의 도시를 정복해나가면서 살육을 거듭하고 주민들을 노예로 삼은 것을 자랑스러운 듯 기술하고 있습니다.

── 이런 잔혹한 이야기가 《구약성경》에 기록되어 있다는 말인가요?

'성절(聖絶, 헤렘)'이라는 무서운 단어가 있습니다. '이교도에 속하는 것들은 모조리 죽여 주님에게 완전 봉헌한다'는 의미죠. 성절에는 포로는 인정하지 않습니다. 노예로 삼는 것도 허락되지 않아요. 남자아이, 여자아이 할 것 없이 모두 검으로 죽입니다. 가축도 죽이고 수확물은 불태워 신에게 바쳐야 하고요. 이 성절이 정전론의 기원이 되었습니다.

이와 같은 '성절' 사상을 지닌 유대교로부터 그리스도교와 이슬람교가 나뉘었습니다. 이슬람교에서는 이교도와의 '성전(聖戰, 지하드)'을 예배, 성지순례와 어깨를 나란히 하는 신도의 의무로 규정하고 있습니다. 다만 실제로 검을 사용하는 지하드 이외에 음주와 같이 이교도가 하는 행동을 멀리하고 계율에 따르는 것을 '내적 지하드'라고 합니다.

"오른쪽 뺨을 맞거든 왼쪽 뺨까지 내어 주라", "검으로 흥한 자, 검으로 망하리라"라는 예수의 말씀처럼 그리스도교는 절대 비폭력 종교로 출발했으나 로마 제국에 의한 가혹한 탄압을 거치면서 이교도와의 전쟁, 그리스도교 내부의 파벌 항쟁으로 이단과의 전쟁이 정당화되기 시작했습니다. 아우구스티누스조차 신이 명령한 전쟁 즉, 이교도와 이단자에 대한 무력 행사는 '정전'이라는 명목하에 용인하고 있습니다.

―― 이 논법에서 보면 《구약성경》의 예리코 학살도 '신이 내린 명령'으로 정당화될 수 있지 않은가요?

로마 제국이 그리스도교를 용인한 결과, 그리스도교는 국가 권력과 결탁해 순수함을 잃고 말았어요. 이에 반발해 원리주의적인 가르침을 강조하는 분파도 생겨나면서 교회 내부의 대립은 더욱 심각한 양상을 띠기 시작했습니다. 아우구스티누스의 《신국론》은 이들 이교도와 이단자(그리스도교 내부 분파)를 부정하고 반박하는 책입니다. '정전'은 신의 뜻에 따라 어쩔 수 없이 필요하다는 것이 이 책의 결론이죠.

―― 이때부터 십자군이 등장하는 건가요?

민족 대이동의 혼란은 수백 년간 이어집니다. 이 사이에 중동에서는 이슬람교가 발흥해 유럽에 침투하죠. 이슬람교도에 대항해 서로마 제국을 부흥시킨 게르만계 프랑크 왕국은 로마 가톨릭교회와 그 수장인 교황을 보호하고 교황의 권위를 통치에 이용했어요. 프랑크 왕국이 해체된 후에도 로마 교황은 서유럽의 최고 지도자로서 군림했죠.

11세기 말 교황 우르바누스 2세(Urbanus Ⅱ, 재위 1088~1099)

는 클레르몽 공의회(교황이 온 세계의 추기경, 주교, 신학자 들을 소집하여 진행하는 공식적인 종교 회의―옮긴이)를 주최하면서 이렇게 호소했습니다.

"성지 예루살렘의 그리스도 무덤이 이슬람교도에게 유린당하고 있다. 성지 탈환을 위해 병사를 보내야 한다! 이는 신이 명하신 일이다!"

십자군에 참가하는 자들에게는 영토와 재물과 같은 전리품 말고도 면죄부가 주어졌어요. 어떤 죄를 지었어도 십자군에 참가해 이교도를 처치하면 죄 사함을 받고 천국으로 갈 수 있다고 약속한 것이죠.

이렇게 해서 프랑스인을 주체로 하는 제1차 십자군이 출발했습니다(1096). 십자군은 각지에서 약탈을 계속하며 예루살렘으로 향했어요. 예루살렘에 도착해서는 성벽 주위를 9번 돌고 총공격을 개시했습니다. 이것은《구약성경》의 예리코 공략 부분에서 힌트를 얻은 것이죠.

예루살렘을 방위하던 이슬람교도(파티마 왕조) 군대가 항복 권고를 받아들여 거리에서 철수한 뒤 예루살렘에 입성한 십자군은 그들이 이교라 불렀던 유대교도, 이슬람교도는 물론 그리스도교 내에서 이단으로 취급받던 그리스 정교도, 아르메니아교도, 콥트교도의 일반 시민들까지 모두 학살했습니다. 피바다가 된 거리를 뒤로 하고 그들은 그리스도의 무덤(성묘 교회: 예수가 안장되었던 묘지에 세워진 교회로 '십자가의 길'의 제10지점부터 제14지점까지가 이 교회 안에 위치함—옮긴이)을 참배하고 감격의 눈물을 흘리며 승리의 함성을 외쳤습니다.

—— 그야말로 '성절'을 실행한 것인가요?

이베리아 반도(스페인, 포르투갈)에서는 이슬람교도와의 오랜 전쟁(국토회복전쟁, 레콩키스타)이 끝나지 않고 있다가 15세기에 스페인의 승리로 끝이 납니다. 스페인 사람들은 그 후에도 전쟁을 계속하면서 해외에 원정대를 파견했죠. 대항해 시대의 서막을 올린 것입니다.

신대륙 미국으로 건너간 스페인 사람들은 그들 눈에 기묘하게 보이는 신들에게 제사를 지내는 아스테카 왕국이나 잉카 제국이 악마를 숭배한다고 단죄하고 철저히 파괴하고 약탈했어요. 살아남은 원주민에게는 선교사를 보내 가톨릭으로 강제 개종시켰죠. 신대륙도 마찬가지로 '성절'을 당했던 것입니다.

정복자의 일원으로 원주민을 노예로 삼아 농장을 운영하고 있던 라스 카사스는 쿠바에서 자행된 원주민 학대를 목격하고 양심의 가책을 느껴 귀국하여 수도사가 되었습니다. 그리고 콜럼버스(Christopher Columbus, 1451~1506)의 아들이 이끄는 스페인군에 참가하여 종군사제의 몸으로 다시 신대륙의 땅을 밟습니다. 그는 스페인 국왕 카를로스 1세(Carlos I, 1500~1558)에게 원주민을 보호해줄 것을 호소합니다.

어느 큰 마을에서 원주민들이 식량과 선물을 가지고 우리를 10레그와(약 50킬로미터)나 앞서 마중 나와주었다. 마을에 도착하자 원주민들은 물고기와 식량은 물론 그들이 내어줄 수 있는 모든 것을 우리에게 내어주었다. 그런데 돌연 악마가 씐 그리스도교도들이 나의 눈앞에서 아무런 동기도, 원인도 없이 우리 앞에 앉아 있던 3,000명이 넘는 남녀노소 원주민들을 단검으로 베어 살해했다. 그곳에서 나는 지금까지 본 적 없는, 감히 인간이 상상조차 할 수 없는 잔혹한 행위를 목격하고 말았다.

—라스 카사스, 《인디언 파괴에 대한 짧은 보고서》(쿠바 섬에 대해)[7]

라스 카사스의 보고는 국왕의 심금을 울렸고 원주민들을 보호하는 새로운 법이 발포되어 원주민들을 노예 노동에서 해방하였습니다. 하지만 한편으로는 정복자들의 맹렬한 반발을 사면서 그들 편에 서 있던 신학자 세풀베다(Juan Gines de Sepulveda, 1490~1573)가 공개 논쟁을 제안하기에 이르렀죠. 세풀베다는 아리스토텔레스 연구의 권위자로 "노예가 되는 인간

은 선천적으로 열등한 노예의 성품을 타고난다"는 아리스토텔레스의 연설을 인용해 원주민의 노예화를 정당화시키기 위해 힘쓴 인물입니다.

이에 대해 라스 카사스는 "원주민이 열등하다는 것은 인정할 수 없다. 오히려 아리스토텔레스가 말하는 이성적이며 덕망 높은 인간의 조건을 갖추고 있다"고 반박해 논쟁에서 승리하죠.

노예제가 폐지된 중남미 제국에서는 스페인 정복자와 원주민 여성과의 혼혈이 생겨나고 가톨릭 문화가 토착화되면서 독특한 히스패닉 문화를 형성하게 됩니다. 하지만 서아프리카에서 '수출'된 흑인들은 '인간'으로 취급받지 못하고 19세기까지 노예로 혹사당하죠.

3

'정전(正戰)'론의 부정
— 마키아벨리와 흐로티위스

근대 초기 위대한 두 명의 사상가를 소개하고
전쟁관이 어떻게 변천되었는지 살펴보자.

대항해 시대에 접어들자 화폐 경제의 침투로 인플레이션이 진행되고 재정난에 빠진 기사 계급이 몰락하기 시작했습니다. 이에 기사들이 종군의 의무를 다하지 못하는 일이 벌어지면서 대신 용병대가 등장하죠. 프랑스, 스페인, 독일이 겨룬 1차 이탈리아 전쟁(1494~1559)은 용병들끼리 겨룬 최초의 대규모 전쟁으로 이름을 남겼어요. 소총이 보급된 것도 이때부터였습니다.

당시 이탈리아는 통일 국가가 아니었기 때문에 크고 작은 영주나 도시국가가 할거해 있는 소규모 전투가 끊임없이 벌어지고 있었죠. 로마 교황은 용병을 조직해 영토 확장에 여념이 없었어요. 마치 무정부 시대를 연상시켰죠. 이 혼란을 틈타 이탈리아 지배를 노리던 프랑스 왕이 출병한 것이 이탈리아 전쟁이 발발한 계기가 되었습니다.

미켈란젤로(Michelangelo, 1475~1564)나 레오나르도 다 빈치(Leonardo da Vinci, 1452~1519)를 탄생시킨 도시국가 피렌체 공화국도 북방에서 내려온 프랑스군에 의해 독립이 위협받는 상황이었어요. 피렌체 공화국의 외교관으로 프랑스와의 교섭에 나선 사람이 바로 마키아벨리(Niccolò Machiavelli, 1469~1527)였습니다.

'서로 시기하고 미워하는 도시국가 연합체인 이탈리아를 어떻게 통일시켜 대국 프랑스의 위협에 맞설 것인가?'

이 문제를 놓고 마키아벨리가 내놓은 해답이 《군주론》이죠. 근대 철학의 고전이라 불리는 명저로 권모술수를 의미하는 '마키아벨리즘'이라는 단어도 여기에서 파생되었어요. 그는 이탈리아를 혼란에 빠트린 가장 큰 원인은 충성심이 결여된 용병제에 있다고 보고 이것을 폐지해 군주 직속의 상비군을 창설할 것을 주장했습니다.

군주는 전쟁, 전술 및 훈련을 제외하고는 다른 어떤 일이든 목표로 삼거나 관심을 갖거나 몰두해서는 안 된다. (중략) 이것이 명령을 내리는 자가 해야 하는 유일한 의무다. (중략) 이것은 단순히 원래 군주의 자리에 있는 자에게 그 자리를 보전하게 할 뿐 아니라 한낱 평민으로 태어난 인간을 군주

의 자리까지 올라가게 하는 원동력이다. **— 마키아벨리, 《군주론》(14장)[8]**

    《군주론》에서 마키아벨리는 군주가 신민의 결속과 충성심을 얻고자 한다면 자비보다 냉혹함을 보이는 편이 안전하며 군대를 통솔하는 데는 냉혹한 판단력과 결단력이 없이는 불가능하다고 주장했습니다. 자비에 의한 혼란이 가져올 피해보다 군주의 냉혹한 판단이 가져다주는 질서를 중요시하는 대목이죠.

    마키아벨리는 또한 역사적으로 살펴보면 신의를 지키는 군주보다 교활하게 상대방을 속이는 군주가 성공을 거머쥐고 위업을 달성한 예가 많다고 강조했습니다. 18장에는 그 유명한 여우와 사자 이론이 이어집니다.

군주는 짐승처럼 행동하는 방법을 알아야 하기 때문에 여우와 사자의 기질을 모방해야 한다. 왜냐하면 사자는 함정에 빠지기 쉽고 여우는 늑대를 물리칠 수 없기 때문이다. 그러므로 여우가 되어 재빨리 함정을 알아차려야 하며 사자가 되어 늑대를 위협할 필요도 있다. (중략) 인간은 사악한 존재이기에 그들이 당신에게 신의를 지킬 이유도 없으며 당신 또한 그들에게 신의를 지킬 필요가 없기 때문이다. (중략) 어느 만큼의 평화가, 어느 만큼의 약속이 불성실한 군주들에 의해 덧없이 효력을 잃고 말았는가. (중략)

— 마키아벨리, 《군주론》(18장)[9]

—— 노골적인 표현이네요.

　이것이 당시 이탈리아의 현실이었어요. 시간과 시대를 넘어 같은 상황에 빠지면 인간은 같은 사상을 가지게 됩니다. 오랫동안 전쟁에 시달린 고대 중국 춘추 전국 시대의 사상가 순자(荀子, BC 298~BC 238)도 다음과 같은 말을 남겼습니다.

인간의 본성은 악하다. 선한 것은 인위(작위)적인 것이다.
사람의 본성은 태어나면서부터 이익을 추구하는데, 이 본성을 그대로 따르면 다투고 빼앗는 마음이 생기고 양보하는 마음이 사라진다.

—《순자》(성악설편 23)[10]

　순자에 따르면 인간은 본래 사악한 존재이며 선(善)은 교육을 통해 생겨나는 인위적인 것입니다. 인간은 본래 이익을 추구하며 그것을 방치하면 싸우고 빼앗고자 하는 마음이 생기고 양보하는 마음은 사라지게 됩니다.
　순자의 제자인 한비(韓非, BC 280?~BC 233)는 이런 일화를 남겼습니다.

　위나라 혜왕이 신하에게 물었다. "나에 대한 평판은 어떤가?"

신하가 대답했다. "자비심이 깊고 인정이 많으신 왕이라 칭송받습니다."

왕은 웃으며 말했다. "나의 공적은 이 나라에 무엇을 가지고 오는가?"

신하가 대답했다. "망국을 가지고 옵니다."

왕이 물었다. "자비심이 깊고 인정이 많은 것은 선이 아닌가. 그런데 왜 망국을 가져오는가?"

신하가 대답했다. "자비심이 깊어 동정심이 많아 죄를 저지른 자를 벌하지 않을 것이요, 인정이 많아 공적이 없는 자에게도 상을 내리기 때문입니다."

죄가 분명한데도 벌하지 않고 공적이 없는 자에게 높은 상을 주면 나라가 반드시 망한다.
　　　　　　　　　　　　　　　　　　　　—《한비자》(제30편)[11]

　죄를 범하고도 벌을 받지 않고 공적이 없는데도 상을 받는 나라는 망해도 어쩔 수 없다는 것입니다. 인간은 자비와 인정이 아니라 상벌에 의해서만 움직인다는 매우 단순하고 무미건조한 사상이죠. 마키아벨리도 인간의 도덕성에 전혀 기대하지 않았어요. 냉혹하고 강권을 쥔 군주가 나서야 이탈리아가 통일이 되

고 전란과 무질서 속에서 평화를 찾을 수 있다고 믿었죠.

이 시기에 체사레 보르자(Cesare Borgia, 1475?~1507)가 등장합니다. 체사레는 로마 교황 알렉산데르 6세(Alexander VI, 재위 1492~1503)의 사생아로 태어나 교황군 총사령관으로서 이탈리아 통일에 착수했지만 도중에 전사하는 운명을 맞이합니다. 마키아벨리는 자신의 사상을 실현해줄 수 있는 인물로 체사레를 꼽고 그를 칭송했죠. 그러나 체사레 사후에 그를 대신할 인물이 나타나지 않아 이탈리아 통일은 19세기 후반까지 미루어졌어요.

중세의 서유럽에서는 각국의 왕과 영주 위에 '신의 대리인'이라 불리는 교황이 군림하면서 초국가적인 조정자 기능을 하고 있었어요. 가톨릭 세계 내부에서는 분쟁과 관련해서 교회가 비전투원(일반 시민)의 보호와 전투 구역의 제한을 명하는 '신의 평화'가 이루어진 듯이 보였습니다.

그러던 16세기 독일의 마틴 루터로부터 시작된 종교 개혁은 로마 교황의 권위를 실추시키고 그리스도교 세계를 분열시켰습니다. 이후 교황권의 절대 권력을 지지하는 가톨릭 교주와 교황권을 부정하는 신교도(루터파, 칼뱅파) 사이에서 종교전쟁이 시작됩니다. 서구 그리스도교 세계 내부에서 정전이 시작된 것입니다. 특히 네덜란드 독립전쟁(1568~1648), 프랑스의 위그노 전쟁(1562~1598), 독일의 30년 전쟁(1618~1648)은 참혹한 결과로 이어졌어요.

　같은 그리스도교도끼리 정의를 외치며 2세기에 걸쳐 살상을 반복한 것은 서구 사람들의 마음에 깊은 상처를 남겼습니다. 위그노 전쟁(참고 p.57)을 목격한 프랑스 작가 몽테뉴(Michel de Montaigne, 1533~1592)는 아메리카 대륙 원주민의 식인 습관을 소개하면서 다음과 같은 말을 남겼습니다.

나는 이러한 행위 속에 있는 야만적인 잔혹함을 인정하기 때문에 슬픈 것이 아니다. (중략) 그들 원주민의 잘못은 곧잘 비판하면서, 우리 자신의 잘못에 대해서는 그 정도로 맹목적인 것이 슬프다. 나는 죽은 인간을 먹는 것보다 살아 있는 인간을 먹는 것이 더욱 야만적이라고 생각한다. 아직 충분한 감각이 있는 몸을 고문과 태형으로 찢고 조금씩 불에 태우고 개와 돼지가 물어뜯어 죽게 하는 일(우리는 이런 일을 책에서 읽었을 뿐만 아니라 직접 우리의 눈으로 보아 생생하게 기억하고 있다. 그것도 옛날, 적과의 사이에서가 아니라 이웃이나 동포 사이에서 일어난 일이다. 더욱 나쁜 것은 신앙이나 종교를 구실로 일어나고 있다는 점이다)이야말로 죽은 뒤 구워먹는 것보다 더욱 야만적이라고 생각한다. **— 몽테뉴, 《수상록》(1-31)[12]**

　30년 전쟁에서 일개 병사로 종군한 데카르트(참고 p.189)가

모든 진리를 '의심'하고 스스로의 이성만이 신용할 수 있는 것이라며 근대 철학을 창시한 것도 종교전쟁의 영향이 큽니다.

교황권의 지배에서 벗어난 왕들은 왕권신수설을 제창하고 국가 권력(주권)을 차지한 왕은 지상에 존재하는 최고 권력자로 부상했어요. 국경선을 따라 나뉜 영토와 영해를 지배하는 주권 국가의 개념이 생겨나게 된 것이죠. 종교전쟁으로 시작된 30년 전쟁도 주권 국가 사이의 전쟁으로 변질되어갔습니다. 주변의 국가까지 개입해 독일을 철저히 황폐화시킨 이 전쟁으로 중세 독일 제국(신성 로마 제국)은 300개가 넘는 소국가(연방 국가)로 해체되고 주권 국가 간의 세력 균형(군사 동맹)에 의한 평화라는 새로운 국제 질서(베스트팔렌 체제)가 생겨났습니다. 그 결과, "주권 국가는 복수로 존재하며 A국의 국익과 B국의 국익이 충돌하기 때문에 전쟁이 발발한다. 어느 쪽이 옳은가의 문제가 아니다"라는 무미건조한 사고가 부활합니다.

—— 정전론을 부정하는 것이 아닌가요?

그렇습니다. 네덜란드의 법학자 흐로티위스(참고 p.21)는 자연법(신이 정한 만민 공통의 법)을 근거로 개인과 마찬가지로 국가도 정당방위의 권리(자위권)를 가질 것을 인정했습니다.

자연의 제1원리는 모든 동물이 태어난 이상 자신을 보호하고 (중략) 파괴와 침략의 가능성이 있는 것으로부터 도망치는 것이다, 라고 (키케로는) 말하고 있다. 자연의 제1원리에서 전쟁에 모순되는 것은 아무것도 없다. 아니, 모든 것은 전쟁을 지지한다. 전쟁의 목적은 생명과 신체 각 부위의 보전과 생존에 유용한 것들을 유지하고 획득하는 데 있으므로 전쟁은 이들 자연의 제1원리와 완전히 합치한다. (중략) 자연은 모든 동물에게 자기 방어와 자기 보존을 위한 충분한 힘을 제공하고 있기 때문이다.

—**흐로티위스, 《전쟁과 평화의 법》(2-1)**[13]

그리고 그는 전쟁의 참사를 줄이기 위해 국제법을 통해 전쟁의 룰을 만들고자 시도했습니다. 축구를 예로 들면 축구하는 행위 그 자체를 금지하는 것이 아니라 이를 테면 '손을 쓰면 안 된다', '오프사이드는 안 된다', '심판의 판정에 따라야 한다', '시합 시간은 전후반 각각 45분으로 한다' 하는 식으로 규칙을 만든 것이죠.

국제법은 국가 간의 다양한 협정이나 조약을 계속 쌓으면서 천천히 형성되어왔으며 20세기 초반 헤이그에서 열린 만국 평화 회의에서 전쟁 시의 국제법이 가닥을 잡게 되었습니다. 포로의 학대 금지, 비전투원의 살육 금지 등과 같은 조약이 이때 만들어졌죠.

30년 전쟁 이후 유럽에서 일어난 전쟁에서도 군복을 입은 직업 군인(대부분은 용병)과 비전투원을 구별 짓고 개전과 휴전, 강화 조약 등을 제도화시켰어요. 직업 군인은 본인의 목숨이 아깝기 때문에 싸우다 승패가 확실히 드러나면 바로 정전(停戰)을 선언합니다. 전쟁을 게임처럼 하는 상황이 생겨나면서 일반 시민도 가리지 않고 살상하는 일은 거의 일어나지 않게 되었어요.

30년 전쟁으로 신성 로마 제국이 붕괴된 후, 독일 제국의 맹주 지위를 다툰 나라가 오스트리아와 프로이센이에요. 프로이센 왕국에서는 명군 프리드리히 2세(Friedrich Ⅱ, 1712~1786)가 등장해 영토 문제를 놓고 독일의 맹주였던 오스트리아와 전쟁을 벌였습니다.

오스트리아는 프랑스, 러시아와 동맹을 맺고 프로이센을 포위했어요. 하지만 프리드리히는 결전을 피해 지구전으로 끌고 가 적의 전의를 상실시킵니다. 그리고 러시아 황제의 죽음을 계기로 반격을 꾀해 기적적인 승리를 거두었죠. 7년 동안 벌어진 이 전쟁 또한 용병을 앞세워 벌어진, 게임을 방불케 한 전쟁이었어요.

그런데 프랑스 혁명이 이런 상황을 크게 바꾸어놓았습니다. 왕정을 무너뜨리고 국민 주권을 실현한 프랑스에서는 내셔널리즘이 생겨나고 참정권을 가진 국민(주권자)은 의무적으로 군대를 가야 한다는 징병제가 실시됩니다. 국가와 국민이 일체가 된(국민 국가), 국민군의 등장은 전쟁을 대규모화시키고 일반 시민도 징병제를 통해 직접 전쟁에 끌어들일 수 있게 되었어요. 이를 계기로 직업 군인인 용병만이 전투에 참가하던 시대는 끝이 났죠.

—— 내셔널리즘은 애국심을 의미하는 건가요?

여기에서는 내셔널리즘을 '국민 의식'으로 해석하는 게 적합할 것 같아요. 프랑스 혁명은 신분제를 철폐하고 '프랑스인' 의식을 고양시키는 데 큰 역할을 했습니다. 나폴레옹(Napoleon Bonaparte, 1769~1821)이 이끄는 프랑스 국민군은 무적이었습니다. 용병에 의지해 게임처럼 전쟁을 하던 절대군주들은 계속해서 패배를 맛볼 수밖에 없었죠.

그러나 패전의 충격이 각국의 내셔널리즘에 불을 붙였고 나폴레옹과의 전투를 통해 각국은 국민 국가의 원리를 답습하고 징병제를 도입하게 됩니다. 이처럼 내셔널리즘은 세계적으로 전염되어갔습니다.

클라우제비츠의 현실과 칸트의 꿈

클라우제비츠의 전쟁론과 칸트의 영구 평화론,
국제연맹의 이상과 현실에 대해 살펴보자.

프리드리히 대왕의 영광에 취한 프로이센 귀족들은 평민 출신의 프랑스 혁명군을 얕보고 있었습니다. 하지만 전쟁에서 대패한 프로이센군은 수도 베를린으로 나폴레옹이 입성해오는 것을 그냥 두고 볼 수밖에 없었어요.

프로이센의 군인 클라우제비츠(Carl von Clausewitz, 1780~1831)는 이 전쟁에서 프랑스군의 포로가 됩니다. 패전국이 된 조국 프로이센으로 돌아와 사관학교 교관이 되었지만 은밀히 탈출 계획을 세우고 러시아로의 망명길에 올랐습니다. 그렇게 러시아 군사관이 된 클라우제비츠는 나폴레옹의 모스크바 원정대를 저지하고 승리를 거두죠. 그리고 프로이센군으로 복귀해 프랑스 본토를 공략, 워털루 전쟁에 참전해 숙적 나폴레옹에게

서 승리를 거둔 후 대작 《전쟁론》 집필에 착수합니다.

전쟁은 정치적 행위임과 동시에 정치적 도구이며 다른 형태의 정치적 행동의 연장이며 다른 수단에 의해서 정치적 협상을 수행하는 행위일 뿐이다. (중략) 정치적 의도가 항상 목적이 되며 전쟁은 그 목적을 달성하기 위한 수단에 불과하다. **— 클라우제비츠, 《전쟁론》 (1-1)[14]**

이런 유명한 정의를 내린 클라우제비츠는 전쟁을 보는 세 가지 시각이 있다고 기술했습니다.

1. 적을 향한 맹목적인 증오: 국민(말단 병사)의 시각
2. 게임 감각: 장교(직업 군인)의 시각
3. 정치 도구: 정치가의 시각

절대군주가 용병을 이용해 확장해간 전쟁은 2와 3을 동기로 하는 한정적인 전쟁이었습니다. 하지만 프랑스 혁명으로 국민이 모두 참여하는 군대가 탄생한 결과, 1의 동기가 전쟁을 좌우하게 되었죠. 사기가 충만한 프랑스 국민군에게 각국의 용병대는 나가떨어지기 일쑤였어요.

구시대의 전쟁에서 이용된 상투적인 수단은 나폴레옹의 행운과 용감한 행동에 의해 실추되고 유럽의 가장 유력한 국가들은 그의 일격으로 파괴되었다. 스페인 국민은 (중략) 국민을 총무장하고 침략자를 향해 반란을 일으켜 전체적으로 절대적인 능력을 발휘할 수 있음을 실증했다. (중략) 1813년에 프로이센은 긴급하게 국가의 총력을 결집하여 민병에 의해 군의 상시 병력을 6배로 증대시킬 수 있었으며 (중략) 민병은 국내뿐 아니라 국외의 전투에서도 사용될 수 있음을 실증했다.

— 클라우제비츠, 《전쟁론》(3-17)[15]

고대 중국의 군사 전략서 《손자》의 권두에도 다음과 같은 말이 나옵니다.

전쟁이라는 것은, 국가의 대사다. (중략) 첫째는 도(道), 둘째는 기상 조건, 셋째는 지형 조건, 넷째는 지휘관의 능력, 다섯째는 법제도. (중략) 도란 인과 예로써 나라를 다스려 백성과 병사들로 하여금 기꺼이 윗사람의 뜻에 순종하여 따르게 하는 것이다. 그러므로 같이 죽고 같이 살겠다는 한마음으로 더불어 동고동락하고 생사고락을 함께해 위험한 일이 닥치더라도 백성들이 두려워하지 않는다. **— 《손자》(시계편)[16]**

앞에서 홉스는 사회계약설을 통해 '자연 상태에서는 개인이 무장한 채 생존을 위해 싸움(만인에 대한 만인의 투쟁)을 계속하고 그 상태에서 벗어나기 위해 인류는 계약을 맺고 정부를 수립했다'고 강조했습니다(참고 p.72). 네덜란드의 흐로티위스는 개인과 마찬가지로 국가도 자연권으로서의 자위권을 가져야 한다는 이론을 펼쳤죠(참고 p.137). 하지만 국가 간 전쟁이 끊임없이 계속된다면 자연권은 위협을 받을 수밖에 없어요.

—— 말하자면 '만인에 대한 만인의 전쟁'이 될 수밖에 없다는 뜻인가요?

그렇기에 "전쟁을 위한 규칙, 국제법이 필요하다"고 흐로티위스는 생각했죠. 그리고 각국이 조약을 체결하고 국가 주권을 초월한 초국가적인 통합을 실현하면 영구 평화도 가능하다고 주장한 사람은 프로이센의 철학자 칸트(참고 p.227)예요.

칸트가《영구평화론》를 집필한 1795년은 프랑스 혁명 전쟁(혁명 정부와 주변 국가 간의 전쟁)에서 일시적으로 휴전이 이루어진 시기입니다. 칸트는 이것을 영구 평화로 바꾸기 위해 다음과 같은 제언을 합니다.

1. 각국이 민주 정체를 수립, 소수자의 독단으로 전쟁이 발발

하지 않도록 할 것

2. 국가 연합체(유럽 통일 정부)의 수립에 의한 각국의 주권 제한

3. 상비군의 전면 폐지

이성은 분쟁 해결의 수단으로써의 전쟁을 단호하게 처벌하고 평화 상태를 직접적인 의무라고 생각하지만 이 상태는 민족 간의 계약이 없으면 성립되지도, 보증되지도 않는다. 앞에서 진술한 여러 이유로 인해 평화 연합이라고 이름 붙일 수 있는 특수한 연합이 존재하지 않으면 안 되는데 이것은 평화 조약과는 별도다. 양자의 구별은 후자는 단순히 하나의 전쟁을 종결시키는 데 목적이 있다면 전자는 모든 전쟁을 영원히 집결시키는 것을 목적으로 한다. ―**칸트, 《영구평화론》(제2장)[17]**

칸트는 본인이 한 제언에 대해 '철학자의 한낱 꿈으로 끝나겠지' 하며 자학적인 심경을 드러내고 있습니다.

나폴레옹의 항복으로 긴 전쟁이 끝나자 전후 질서를 논의하기 위한 뉘른베르크 회담이 개최되었습니다. 이 회담에 모인 유럽의 각국 수뇌부는 칸트의 제언을 묵살했고 결국 유럽연합 정부는 실현되지 못했죠. 그 후 19세기로 넘어가면서 유럽은 4대 강대국(영국, 프로이센, 오스트리아, 러시아)과 왕정복고한 프랑스까지 가담해 5대국 군사 세력 균형에 의한 평화가 이어집니다.

그러나 20세기에 접어들자 전쟁의 규모는 더욱 불어나 총력전의 양상을 띠게 됩니다. 칸트의 초국가 기관 구상은 20세기 초에 벌어진 제1차 세계대전이라는 대량 학살을 경험한 뒤에 불충분하게나마 국제연맹(the League of Nations)이라는 이름으로 겨우 실현되었어요.

제16조 (중략) 전쟁에 호소한 연맹 가맹국은 다른 모든 연맹국에 대해 선전포고한 것으로 간주하고 모든 가맹국들을 상대로 하는 통상, 금융 등의 모든 관계를 단절한다. ─〈국제연맹규약〉[18]

"한 나라에 대한 공격을 (국제연맹) 가맹국 전체를 상대로 한 공격으로 보고, 가맹국이 일치단결해 제재를 가한다"는 규정을 집단 안전 보장이라고 합니다(단순한 군사 동맹은 '집단적 자위권'). 연맹 헌장은 전쟁을 금지하기 위해서는 강제력이 필요하기에 경제 제재를 인정한 것이죠.

여기에 국제연맹에 가입하지 않은 강대국 미국의 국무장관 켈로그(Frank Kellogg, 1856~1937)와 국제연맹의 지도적 입장에 있던 프랑스 외무장관 브리앙(Aristide Briand, 1862~1932)이 파리 부전조약(켈로그-브리앙 조약, 1928)을 체결했습니다. 이것은 전쟁 자체를 국제법 위반으로 보는 획기적인 조약으로, 일본이나 소련을 포함해 당시 주요국은 모두 여기에 조인했죠.

제1조 조약에 가담 비준한 국가는 자국 국민의 이름으로 국제 분쟁의 해결을 위해 전쟁에 호소하는 것을 비난하며 그들 상호 관계에 있어서 국가 정책의 도구로서 전쟁에 호소하는 것을 포기할 것을 각국 국민의 이름으로 엄중히 선언한다. —〈**파리 부전조약**〉[19]

하지만 부전조약이 방위 전쟁까지 금지한 것은 아닌 데다 위반국에 대한 처벌도 명기되어 있지 않아서 다음 해에 시작된 대공황에 따른 실업 문제로 골치를 앓던 각국은 다시 전쟁을 통해 문제를 해결하고자 하는 움직임을 보였습니다. 그 선두에 선 것이 만주사변(1931~1933)을 일으킨 일본이죠.

결국 국제연맹 규약도 파리 부전조약도 제2차 세계대전을 막지 못하고 인류는 다시 피비린내 나는 전쟁을 개시했습니다. 제2차 세계대전을 계기로 드디어 국제연합(the United Nations) 이라는 이름의 집단 안전 보장 체제가 수립되고 안전보장이사회에 의한 무력 제재가 가능해졌어요.

── 칸트의 이상이 드디어 실현된 것인가요?

그렇지 않아요. 칸트의 이상과는 차이점이 많습니다.

국제연맹은 일본과 독일의 전범을 국제법으로 처벌하고자 했습니다. 뉘른베르크 재판과 극동국제군사재판은 전쟁 지도자를 국제법으로 심판하는 획기적인 재판으로 주목을 끌었습니다. 극동국제군사재판에서는 전범을 3단계로 나누었어요.

A급 전범(평화에 대한 죄 ― 침략 전쟁의 준비와 실행)

B급 전범(포로 학대와 같은 종래의 전쟁 범죄)

C급 전범(인도에 대한 죄 ― 일반 시민에 대한 박해와 학살)

이 세 종류로 전범을 나누고 도조 히데키(東條英機, 1884~1948) 당시 총리 등 28명을 A급 전범으로 지명하고 그중 7명을 교수형에 처했습니다.

새로 발족한 국제연합의 안전보장이사회는 전승 5대국(미국, 영국, 프랑스, 소련, 중국)의 담합으로 무력 제재를 넌지시 제시하는 데 그쳤습니다. 국제연합 헌장에서는 안전보장이사회가 지휘한 '국제연합군'이 발족할 때까지 안전보장이사회의 승인을 받아 가맹국이 각각 지휘하는 '다국적군(유지연합군)'의 편제와 무력 제재를 인정하고 있습니다. 하지만 이 시스템이 기능을 발휘하기 시작한 것은 한국 전쟁(1950~1953 휴전)과 걸프전쟁

(1990~1991) 때뿐이었죠.

당시 이 5대국은 자국과 동맹국에 대한 무력 제재에 대해 '거부권'을 행사할 수 있었기 때문에 무엇을 해도 제재는 받지 않았습니다. 5대국(최대 세력은 미국과 소련이었지만)의 거부권 남발로 안전보장이사회는 거의 제 기능을 하지 못했어요. 영국과 프랑스는 이집트에 대해 수에즈운하 전쟁(1956~1957)을 일으켰고 미국은 베트남 전쟁(1960~1975)을 일으켰죠. 중국은 베트남을 침공했고(1979) 소련은 아프가니스탄을 침공했지만(1979~1989) 국제연합으로부터 어떤 제재도 받지 않았습니다.

그럼에도 대국 간 전면전으로 번지지 않은 것은 5대국이 핵으로 무장하고 있기 때문일 것입니다. 핵전쟁으로 번질 수도 있다는 두려움이 전면전을 억제하는 장치가 되고 있는 거겠죠.

미국은 왜 '정전(正戰)'을 계속하는가?

5

'미국의 정의'가 세계에 가져다준 것은
무엇인지 검증해보자.

'정의(Justice)'라는 이름을 내걸고 학살과 만행을 일삼은
시궁창 같은 종교전쟁을 거치면서 근대 유럽이 배운 것은 '전쟁
에 정의는 없다. 전쟁을 억제할 수 있는 방법은 군사력의 균형
을 맞추는 것뿐이다'라는 사실이었어요. 그런데 근대에 접어들
어서도 중세적인 '정전론'을 계속 밀고 나간 나라가 있었는데,
바로 미국이었죠.

이는 미국이라는 나라의 성립 배경과 관련이 있어요. 아
메리카 대륙을 맨 처음 침략한 사람들은 스페인의 가톨릭교
도들이에요. 그들이 중세를 거쳐 행해온 이슬람교도와의 끊
임없는 전쟁을 스페인어로 '재정복'을 의미하는 '레콩키스타
(Reconquista)'라고 해요. 1492년에 이슬람교도 최후의 거점인

그라나다를 공략한 이사벨(Isabel I, 1451~1504) 여왕이 같은 해에 콜럼버스의 항해를 원조하면서 콜럼버스가 아메리카 대륙을 발견했죠.

바다 저편에 이교도들이 사는 신대륙이 있다고 알게 된 스페인인들은 이교도 정복에 나서게 됩니다. 코르테스의 아스테카 정복이나 피사로의 잉카 정복은 레콩키스타의 연장선상에서 벌어진 일이에요. 파괴와 살육을 자행한 후 스페인 군대는 원주민(인디오) 여성들을 현지처로 삼았습니다. 스페인인과 원주민 사이의 혼혈(메스티소)이 늘어나면서 가톨릭교회가 아스테카나 잉카의 축제나 풍습을 받아들이게 되었고 그 영향으로 중남미 특유의 히스패닉 문화가 형성되죠.

반면 북미로 들어온 청교도 영국인들은 원주민을 대하는 태도가 스페인인들과는 다른 양상을 띠었습니다.

독일의 루터와 스위스의 칼뱅이 시작한 종교 개혁(프로테스탄트) 운동은 교황을 정점으로 하는 로마 가톨릭교회의 부패와 타락, 금전주의를 규탄하고 성경만을 강조하는 본래의 그리스도교로 돌아가자는 운동이었습니다.

루터와 칼뱅은 성모 마리아나, 사도 베드로, 바울 같은 성인의 형상을 조각해 교회에 모시고 미사를 드리는 행위가 성경을 벗어난 사상이라고 생각했어요. 그렇기 때문에 프로테스탄트교회에는 십자가만을 걸어놓았죠. 종교전쟁 당시에도 프로테스탄트는 가톨릭교회를 습격하고 성모 마리아상을 파괴했습니다.

이러한 사상을 원리주의(펀더멘털리즘)라고 하는데, 한마디로 성경에 기록된 '원전으로 돌아가자'는 의미입니다.

—— 원리주의라고 하면 '이슬람 원리주의'가 떠오릅니다.

'원리주의'라는 말을 일부 과격한 이슬람교도가 사용하게 된 것은 이란 혁명(1979) 이후의 일이에요. 원래 이 말은 그리스도교의 용어였죠.

그리스도교의 교의는 다음 세 가지로 요약이 가능합니다.

1. 인간은 죄인으로 태어나 세상이 끝나는 날, 신에 의해 심판을 받는다(최후의 심판).
2. 그리스도가 스스로 십자가에 못 박히는 죽음을 택함으로써 인류의 죄는 사함을 받았다.
3. 그리스도교를 믿는 자만이 죄에서 해방되고 천국에 이를 수 있다.

종교 개혁에서 최대 논점은 '어떻게 해야 인간이 구원받을 수 있느냐' 하는 문제였습니다. 당시의 가톨릭교회는 구원의 조건을 선행으로 보며 최대의 선행은 교회에 금품을 기부하는 것이라고 강조했어요. 한마디로 돈을 기부하면 된다는 말이었습니다. 기부금을 받은 대가로 교회는 신자들에게 전대사(죽은 사람들과 산 사람들의 죄와 벌을 모두 사해주는 것 ─옮긴이) 또는 면제부라고 부르는 표찰을 나누어주었습니다.

루터는 이런 가톨릭교회의 금전주의를 비판하고 구원의 조건은 '신앙심'만으로 충분하다고 강조했습니다. 진심으로 신의 존재와 구원을 믿는 자만이 구원을 받을 수 있다는 사상이죠. 이에 대해 칼뱅은 "누구를 구원할지는 신이 이미 예비해놓으셨으며 인간의 의지로 신의 예정을 변경할 수는 없다"고 강조했습니다. 이것이 예정설이에요.

다시 말해 "죄인은 절대로 용서받고 구원받을 수 없다. 헌금을 해도, 후회하고 통감해도 소용없다"는 것이죠. 그러므로 처음부터 죄를 범하지 않도록 '금욕적인 생활을 하고 근로에 매진하고 근면하게 열심히 사는 것'이야말로 신에게 도달하는 길이라고 근로 도덕을 강조해 상공업자의 열광적인 지지를 받았습니다(참고 p.245). 북미를 식민지 삼으려 했던 영국인들 가운데는 칼뱅파가 많았습니다.

영국에서는 국왕의 주도하에 가톨릭교회로부터의 이탈이 진행되고 영국 국교회가 성립되었습니다. 이것은 교황을 영국 왕으로 바꾸었다는 것만 다를 뿐, 가톨릭의 교의와 체질을 그대로 답습했어요. 이에 불만을 품은 칼뱅파는 국교회로부터 분리되어 나와 청교도(Puritan)가 되었습니다. 성경에서 가르치는 금욕과 도덕을 실천하고 음주와 사치와 같은 쾌락을 멀리하고 깨끗(pure)한 생활을 했기에 이런 이름으로 불렸습니다.

청교도 혁명은 청교도가 국교회 제도와 왕정을 타도하고 성경을 법으로 하는 신권 국가의 건립을 꾀한 운동이에요. 술과 담배는 물론 노래와 춤 같은 향락을 엄격히 금지했을 뿐 아니라 극장과 술집도 폐쇄되었죠.

── 아프가니스탄 탈레반 정권과 비슷하다는 생각도 드네요.

그들도 원리주의를 강조합니다. 청교도의 지도자 올리버 크롬웰은 인접한 가톨릭 국가인 아일랜드를 침략하고 '타락한 가톨릭 국가'를 정제시킨다는 명목으로 파괴와 살육을 자행했습니다. 십자군과 마찬가지로 성전이 행해진 거죠. 아일랜드는 이 후유증으로 큰 고통을 받게 됩니다.

영국 본토에서는 숨 막힐 정도로 철저하게 금욕을 강조한 청교도 정권에 국민들이 서서히 지쳐가기 시작했습니다. 결국 크롬웰이 사망한 후 왕정복고가 실현되고 영국 국교회로 회귀하죠. 이로 인해 영국 본토에서 설 자리를 잃은 청교도들이 눈을 돌린 곳이 신대륙 미국이었습니다. 영국 국교회에 대한 비판은 그 후에도 이어지면서 퀘이커교, 감리교, 메노파, 침례교, 모르몬교와 같은 다양한 프로테스탄트 교파가 생겨났고 그 대부분은 미국에서 포교 활동을 벌였습니다.

청교도가 신대륙에 처음 상륙한 때는 청교도 혁명이 일어나기 20여 년 전이었어요. 메이플라워 호를 타고 보스턴 부근에 상륙한 102명(그 가운데 1/3이 청교도)은 신과의 계약을 통해 그곳에 새로운 공동체를 건설할 것을 엄격히 선언합니다.

하나님의 영광과 그리스도교 신앙의 진흥 및 국왕과 국가의 명예를 위해 버지니아 북부에 최초의 식민지를 건설하기 위해 항해를 계획했고, 개척지에서 질서와 유지, 위의 목적의 촉진을 위해서 하나님과 서로의 앞에 엄숙하게 서로 계약을 체결하며, 우리 스스로 민간 정치 체제를 결성할 것을 결정했다. 이것을 제정하여 우리 식민지의 총체적인 이익을 위해 식민지의 사정에 가장 잘 맞다고 생각되는 정당하고, 평등한 법률, 조례, 법, 헌법이나 직책을 만들어 우리 모두 당연히 복종과 순종할 것을 약속한다.

—〈메이플라워 서약〉(1620년 11월 11일)[20]

미국 땅에 도착한 청교도들을 습격한 것은 추위와 배고픔이었어요. 식민지 개척자의 반이 굶어 죽는 상황을 보고 아메리카 원주민 부족장 마사소이트(Massasoit, 1581~1661)는 옥수수 씨앗을 나누어주고 재배법을 가르쳐주었죠. 옥수수 덕분에 위기를 넘긴 청교도들은 원주민들을 교회로 초대해 신에게 감사의 제사를 올렸습니다. 이것이 미국의 추수감사절(Thanksgiving Day)의 기원이에요.

── 미국 대통령이 칠면조를 '해방'시킨 날이죠.

여기서 이야기가 끝난다면 이문화 교류의 훈훈한 미담으로 후세에 남았겠지만 상황은 그렇지 못했습니다. 청교도들은 그들의 신에게 감사한 것이지 이주민에게 감사한 것이 아니었어요.

백인 식민지 개척자가 늘어날수록 원주민에게 땅을 요구하는 일도 늘어났습니다. 하지만 땅은 공동의 것이라고 생각하고 있던 원주민들은 이에 응하지 않았고 사유지에 울타리를 치고 외부인이 들어오는 것을 허락하지 않았던 백인들과의 마찰이 여기저기서 생겨났습니다. 참다못해 폭발한 원주민은 결국 봉기하여 필립 왕(마사소이트의 아들 메타콤의 그리스도교 세례명)의 인솔하에 청교도 거주지를 습격하게 됩니다.

신의 은총을 받아 신대륙에 들어와 '불쌍한 원주민'에게 그리스도교 문명을 포교하고자 했던 백인들에게 이것은 용서하기 힘든 배신행위이며 문명인을 위협하는 야만인의 습격이었어요.

반격을 감행한 청교도 측은 원주민 군락을 습격해 여성과 아이들을 포함해 4,000여명을 살상하고 포로는 노예로 팔아버렸죠(필립 왕의 전쟁, 1675~1676). 이 전쟁은 후에 북미 각지에서 벌어지는 인디언 전쟁의 시발점이 되었습니다.

인디언 전쟁은 운디드 니의 학살(Wounded Knee Massacre)이 일어나기까지 약 200년간 계속되었으며 이로 인해 수많은 부족이 절멸하게 됩니다. 빛나는 미국 역사 뒤에 감추어진 어두운 부분이 아닐 수 없죠.

그 후 영국 본국에서 부과하는 부당한 세금을 견디다 못한 13개 식민지는 독립전쟁을 일으키고(1776) 필라델피아에 각 식민지의 대표들이 모여 미국 독립선언문을 채택했습니다.

우리는 다음과 같은 것을 자명한 진리라고 생각한다. 즉, 모든 사람은 평등하게 태어났고, 신은 몇 개의 양도할 수 없는 권리를 부여하였으며, 그 권리 중에는 생명과 자유와 행복의 추구가 있다. 이 권리를 확보하기 위하여 인류는 정부를 조직하였으며 (후략)

—토머스 제퍼슨, 〈미국 독립선언문〉

자연법사상과 사회계약설, 인민의 혁명권 등 당시의 최첨단 정치사상을 모두 담은 격조 높은 명문이지만 기안을 만든 토머스 제퍼슨이 버지니아의 담배 농원을 경영하면서 대량의 흑인 노예를 혹사시킨 일이나 백인 지주가 원주민을 총으로 위협해 땅을 갈취한 일에 대해서는 전혀 언급하지 않습니다.

── 이 자체가 '거짓'이라는 말인가요?

맨 처음 나오는 '모든 사람'이란 '모든 백인 식민지 개척자'를 의미하며 원주민이나 흑인은 '사람'으로 보지 않았다는 것이 문제입니다. 그들은 독립선언이나 합중국 헌법의 적용을 받지 않는 자들이었으며 야생 동물과 같은 취급을 받으며 가축처럼 사육되는 존재에 불과했어요. 그들이 합중국 시민으로서의 권리를 부여받은 것은 1964년에 성립한 공민권법이 계기가 되었죠.

독립 초기 미국은 동해안에 위치한 13개 주로 구성된, 인구 300만 명에 불과한 작은 나라였습니다. 영국이나 러시아 같은 유럽 열강에 대항하기 위해 유럽의 분쟁에는 개입하지 않고 유럽 제국의 간섭도 거부한다는 상호 불간섭 원칙을 내세운 것이 제임스 먼로(James Monroe, 1758~1831) 대통령입니다(먼로 선언, 1823). 이것은 쉽게 말해 미국의 서부 개척에 유럽 제국이

"감 놔라 대추 놔라" 하지 말라는 경고의 뜻으로 해석할 수 있습니다.

서부 개척이 가속화되면서 백인 식민지 개척자들과 원주민 사이에 충돌이 빈번하게 일어났습니다. 이 문제를 진지하게 검토하던 서부 출신의 앤드류 잭슨(Andrew Jackson, 1767~1845) 대통령은 북에서 남으로 흐르는 미시시피 강을 경계로 미국 중심부를 나누고 동부에 사는 원주민을 서부 오클라호마 보류지로 강제 이주시킨다는 해결책을 제시합니다(원주민 강제 이주법 1830). 이 법에 따르지 않는 부족에 대해서는 반역죄가 적용되어 기병대를 투입해 학살을 감행했어요. 이때 원주민 보류 구역으로 이용되던 오클라호마 황무지에 땅을 원하는 백인 개척자들이 몰려드는 바람에 정부는 원주민과의 약속을 저버리고 오클라호마에 거주하던 원주민을 또다시 강제로 몰아내기에 이릅니다.

중남미를 정복한 스페인 사람들이 원주민과의 혼혈을 크게 문제 삼지 않았던 데 반해 미국인들은 원주민을 동물보다 못한 야만족으로 보고 내쫓고 격리시켰어요. 백인의 순수한 혈통을 지키려고 한 것이죠. '신에게 선택된 민족(백인)과 신에게 버림받은 민족(원주민, 흑인)을 격리시키려는 사상'은 칼뱅주의적 선민사상의 영향을 받았음을 알 수 있습니다.

같은 칼뱅주의였던 네덜란드인들도 남아프리카에 건설한 케이브 식민지에서 원주민(흑인)을 철저하게 배제하고 격리시켰어요. 이를 아파르트헤이트(Apartheid, 인종차별 정책)라고 합니다.

'명백한 천명(Manifest Destiny)'이라는 단어가 19세기 미국에서 유행했습니다. 서부 개척에 의한 미국 대륙의 문명화, 즉 그리스도교화는 백인의 권리가 아니라 신에게 부여받은 명백한 의무라는 사상이죠. 신의 의도를 따르는 것이므로 죄책감은 없었습니다. 미국인이 말하는 '그리스도교'란 청교도 같은 신교도를 의미하는 것이므로 멕시코 이남 중남미에 많이 거주하던 가톨릭교도들 또한 배제의 대상이었습니다.

—— 십자군의 발상과 완전히 똑같은 거 같아요?

저널리스트인 존 오설리번(John O'Sullivan, 1813~1895)은 오리건 주를 둘러싸고 영국과 분쟁이 발생했을 때 "우리의 '명백한 천명'을 확장하여 대륙 전체를 소유할 권리를 토대로 오리건 전체 땅의 영유권을 주장하는 바이다"라며 야욕을 드러냈습니다. '명백한 천명'이라는 말은 이때부터 널리 퍼지기 시작했어요.

텍사스는 서부로 계속 팽창해나가는 일반 법칙의 필연적 관통의 결과물로서 연방(미합중국)으로 흡수되었다. (중략) 앞으로 100년 이내에 2억 5천만 명(중략)이라는 거대한 수로 확장되어야 할 우리의 운명은 너무나 명백하며 이런 거점을 마련하신 신의 명백한 의도에 대해서는 한 점의 의심의 여지도 없다. ― 존 오설리번, 《병합론》(1845년)[21]

스페인으로부터 독립한 멕시코에서는 스페인인과 원주민 혼혈이 증가하면서 가톨릭 신앙이 토착되고 이를 이어가고 있었어요. 멕시코는 독립 후에도 내란과 쿠데타가 끊임없이 벌어지면서 황폐해지고 있었고 미국인은 멕시코를 '신이 버린 나라'라고 단정 지었죠.

텍사스 영유권을 둘러싼 분쟁에서 시작된 아메리카-멕시코 전쟁에서 미국이 압승을 거두자 미국은 멕시코로부터 캘리포니아까지 이어지는 광대한 영토를 빼앗습니다(1848). 미국으로서는 처음으로 태평양으로 나아가는 출구를 손에 넣은 것이죠.

오랫동안 계속된 인디언 전쟁은 1890년의 '운디드 니 학살'로 막을 내렸습니다. 고향을 떠나 황야를 떠돌던 수족은(남자들은 대부분 전사하고 생존자의 대부분은 노인과 여성, 아이들) 조상의 혼령 앞에 제사를 지내기 위해 주술사를 불러 북소리에 맞추어 노래를 부르고 고스트 댄스(아메리칸 인디언들이 죽은 사람의 혼과 통하기 위하여 추는 종교적 춤—옮긴이)를 추고 있었습니다. 눈 쌓인 운디드 니라 불리는 강 부근에서 이 소식을 전해들은 제7기병대는 수족의 캠프를 포위했어요.

"고스트 댄스는 수상한 신호다. 무장봉기를 꾀하고 있음에 틀림없다. 무기를 몰수하자!"

기병대 군사들은 수족의 캠프를 점령, 무기를 압수하고 여자들이 입고 있는 옷을 전부 벗기려고 했습니다. 격노한 수족의 남자들이 저항하자 기병대는 기관총을 발포해 일대를 쑥대밭으로 만들었어요. 어린아이를 안고 있는 여자를 사냥꾼의 포획물처럼 무참히 살해했죠. 미군의 일방적인 살육으로 수족 300여 명이 사망하고 이로써 인디언 전쟁은 끝이 났습니다.

"착한 인디언은 죽은 인디언들뿐이다."

당시 유행하던 말입니다. 운디드 니 학살 사건과 관련하여 세계 역사 교과서에서는 "미개척지가 소멸되었다"는 한마디로 정리하고 있습니다.

그 후 이어진 스페인과의 전쟁(1898)을 통해 필리핀과 괌을 해외 영토로 획득했고 필리핀에서 독립을 외치며 저항하는 민중을 사살하는 일이 또다시 벌어졌습니다. 이것도 '야만족인 필리핀을 문명화시키기 위한 전쟁'으로 합리화시켰죠. 하와이 왕국을 합병한 것도 이즈음의 일입니다.

제1차 세계대전에서는 미국이 처음으로 유럽 전쟁에 군사 개입을 하게 됩니다. 독일 잠수함의 무차별 공격을 구실로 우드로 윌슨(Thomas Woodrow Wilson, 1856~1924) 대통령이 "군국주의 독일에 대항해 민주주의를 방위한다"는 명목을 내세워 먼로주의를 버리고 참전한 것입니다. 윌슨은 근대 전쟁에서 '정의'를 앞세우며 전쟁의 정당성을 내세웠습니다.

이제 거짓 구실이라는 베일 없이 사실들을 보게 된 만큼, 우리는 세계의 궁극적 평화를 위해, 독일 민족들을 포함한 세계 여러 민족들의 자유를 위해 기꺼이 싸울 것입니다. (중략) 민주주의를 위해 세계는 안전해져야 합니다. (중략) 우리는 이기적 목적을 추구하려는 것이 아닙니다. 정복도, 지배도 바라지 않습니다. 우리는 우리 자신을 위한 배상을 바라지 않고, 흔쾌히 희생을 하지만 그 물질적 보상을 구하지 않습니다.

—〈**윌슨 대통령 연설**〉(**1917년**)[22]

연합국의 승리로 독일은 패전국이 되었고 베르사유 조약(1919)으로 모든 식민지와 본국의 일부를 연합국에 내어주게 됩니다. 그리고 막대한 배상금 지불도 요구받았죠.

── 이상과 현실이 다른 것 같아요.

　정확히 짚었습니다. 파리 강화회의에서 국경선 조정에 민족자결주의의 원칙을 적용하여 자유주의의 이상을 실현하려 했던 윌슨 대통령은 승자로서의 배상과 영토를 요구하는 영국과 프랑스 수뇌들에게 휘둘리다 실의에 빠져 귀국합니다. 그러자 기다렸다는 듯이 야당인 공화당은 윌슨의 외교를 규탄하고 상원의원들은 베르사유 조약의 비준을 부결시킵니다.

　국제연맹에서는 미국을 제외한 전승 4대국(영국, 프랑스, 일본, 이탈리아)이 상임이사국으로 선출되었고 침략국에 대한 경제 제재를 가능하도록 했습니다. 이렇게 윌슨의 이상주의는 묵살되고 독일의 식민지였던 나라들이 전승국에 의해 다시 식민지 지배를 받게 되었습니다. 이른바 '전승국의 끼리끼리 클럽'이 되고 만 것이죠.

　1920년대 잠깐 동안 평화가 찾아오는가 싶더니 1929년에 시작된 대공황으로 세계는 다시 식민지 쟁탈전에 돌입하게 됩니다. 유럽에서는 나치 독일과 이탈리아가, 아시아에서는 일본이 새로운 질서를 운운하며 영토 확장에 열을 올리기 시작했습니다. 이로 인해 국제연맹도 파리 부전조약도 무력화되고 말았어요.

미국의 프랭클린 루스벨트(Franklin Roosevelt, 1882~1945) 대통령은 나치 독일과 일본의 군국주의를 규탄하고 중립을 선언하면서 일본에 석유와 같은 군수물자 공급을 제한하고 대신 일본과 싸우는 중국 정부에는 막대한 군사 지원을 약속했습니다. 사실 중국 정부도 썩을 대로 썩은 부패한 국민당 독재 정권이었지만 미국 여론에 '군국주의 일본과 맞서 싸우는 민주적인 중국'이라는 이미지를 어필한거죠. 이로 인해 막다른 골목에 몰린 일본은 선전 포고도 하지 않은 채 하와이 진주만에 주둔해 있던 미국 함대를 공격하여 많은 미국인들에게 '일본=야만국'이라는 이미지를 심기에 충분했습니다.

이 사건을 계기로 루스벨트 대통령은 도쿄 대공습 지령서에 사인을 했고 다음 선거에서 대통령이 된 트루먼(Harry Truman, 1884~1972) 또한 히로시마, 나가사키 원폭 투하 사건 지령서에 사인을 합니다. '미군의 피해를 최소한으로 하며 소련과의 전쟁이 일어나기 전에 일본을 타도한다'는 정치적 의도가 숨어 있었을 것입니다.

독일의 전쟁 지도자를 심판한 뉘른베르크 재판, 일본의 전쟁 지도자를 심판한 극동국제군사재판은 모두 '정의가 악을 심판한 재판'으로 자리매김했습니다. 그렇다면 일본과 독일이 항복한 후 평화가 찾아왔을까요? 이번에는 공산주의라는 '문명의 적'이 나타납니다.

새로운 적을 축출하기 위해 미국은 한국 전쟁과 베트남 전쟁에 개입합니다. 북한군의 남한 침공으로 시작된 한국 전쟁에 미군이 개입한 것은 정당성이 있으나 베트남 전쟁은 달랐어요. 프랑스의 식민 지배에 저항하며 독립을 이룬 호치민(胡志明, 1890~1969) 정권이 공산주의자라는 이유로 미국이 군사 개입을 시작하고 무차별 공습을 단행한 것입니다. 진흙탕 속을 기어 다니며 처절히 저항하던 베트남 게릴라에게 베트남 민중은 협조를 아끼지 않았어요. 헬리콥터로 착륙한 미군들은 게릴라와 민중을 구별하지 못하고 밀라이 양민 학살 사건을 일으킵니다. 베트남에서 자행된 이 사건은 인디언 전쟁에서 벌인 그들의 만행과 조금도 다르지 않았죠. "착한 베트남인은 죽은 베트남인들뿐이다"라는 말이 미군 병사들 사이에서 유행할 정도였으니까요.

아메리카 합중국의 불행은 패배를 몰랐다는 것입니다. 건국 이래 한 번도 타국에 점령당하거나 공습을 받아본 적 없는 미국. 미군의 불패는 영원하며 정의를 대표한다는 신화는 베트남 전쟁의 패배로 흔들리기 시작합니다. 베트남군이 미국 본토를 공습한 것은 아닙니다. 하지만 9·11 테러 사건(2001)으로 미국인이 보인 히스테리에 가까운 과도한 반응은 그 사건이 미국 본토의 민간인을 노린 최초의 공격이었기 때문입니다.

그 후 부시(George Bush, 1946~) 정권이 취한 행동은 아프가니스탄, 이라크를 '문명의 적'으로 간주하고 징벌을 가하는 식의 전통적인 패턴의 회복이라고 할 수 있어요.

이라크 정권은 이미 독가스를 이용해 수천만 명의 국민을 살해하고 있다. (중략) 국제 핵사찰에 동의했음에도 불구하고 사찰단을 내쫓는 행위를 저질렀다. 이는 문명 세계에 대한 도전이며 은폐임이 틀림없다. 이러한 국가(북한, 이란, 이라크)와 그들에게 동맹하는 테러리스트들은 '악의 축'을 구성해 대량 살상 무기를 개발함으로써 세계 평화를 위협하고 있으며 이로 인해 세계는 더욱 위협받고 있다.

―〈조지 부시 대통령 국정연설〉(2002년)[23]

미군은 압도적인 군사력으로 무장, 습격을 감행해 시체들의 산을 만들고 사담 후세인(Saddam Hussein, 1937~2006) 정권을 타도했습니다. 그러고는 이라크를 해방시켰다고 자화자찬하기에 바빴죠. 하지만 후세인 정권을 추종하던 이들은 이슬람 과격파인 IS(이슬람 국가)로 합류되고 이라크 정권은 조금씩 붕괴되기 시작했습니다.

"로마인은 폐허를 만들고 이것을 평화라고 부른다"라는 2,000년 전의 명언은 지금도 교훈으로 살아 있습니다.

이성과 감정

'이성'이란 무엇인가? 도덕은 어디에서 오는 것인가? 세계사를 통해 사상가들이 벌인 격투를 들여다보자.

제3전의 주요 등장인물

플라톤

데카르트

지성과 이성

1전에서는 민주주의를, 2전에서는 전쟁을 주제로 인간과 '다른 세계'와의 관계성에 대해 생각해보았습니다. 3전부터는 인간의 '내면의 세계'에 대해 생각해보고자 합니다. 그러려면 우선 에덴 동산의 '금단의 열매' 이야기를 먼저 시작해야겠죠.

주 하느님께서는 보기에 탐스럽고 먹기에 좋은 온갖 나무를 흙에서 자라게 하시고, 동산 한가운데에는 생명나무와, 선과 악을 알게 하는 나무를 자라게 하셨다. ―**《구약성경》**(〈창세기〉 2:9)[1]

'에덴'이라 이름 지은 동산 가운데 신이 심은 두 개의 나무가 있습니다. '생명나무'를 먹는 자는 신과 함께 영생할 수 있으

며 선악을 알게 하는 나무를 먹으면 신과 동등한 지혜와 지식을 얻게 됩니다.

최초의 남자 아담과 그의 아내 하와. 신은 선악을 알게 하는 나무의 열매는 절대로 먹지 말라 하셨는데 뱀(악마)의 유혹에 넘어간 하와가 먼저 선악을 알게 하는 나무를 먹게 되고, 아담에게도 권하면서 인류는 신과 동등하게 '선악을 아는 자'가 됩니다. 만약 이후에 그들이 생명나무 열매까지 따먹으면 인류는 '신과 동등하게 영생하게' 되겠죠. 인류의 반역에 분노한 신은 천사를 보내어 아담과 하와를 에덴동산에서 쫓아냅니다.

이렇게 해서 인류는 영원한 지성과 선악을 아는 지혜를 손에 넣은 대신 흙으로 돌아가는 운명에 처하게 됩니다. 게다가 남자는 평생 동안 땀을 흘려 수고해야 하는 고통을, 여자는 임신하고 출산하는 고통을 짊어지게 되었습니다.

이 성경 이야기는 인류가 진화하는 과정에서 지성이라는 것을 획득하게 되었을 때 생긴, 육체와의 단절이라는 감각을 훌륭하게 표현하고 있다고 생각합니다.

— 인간만이 지성을 가지고 있다는 말인가요?

언어가 없는 동물에게도 어느 정도의 '지혜'는 있습니다.

예를 들어, 사자가 얼룩말을 덮칠 때는 냄새가 바람을 타고 날아가지 않도록 반드시 바람이 부는 반대쪽에서 접근하죠. 이것은 경험의 축적에 의한 경험적 지혜라고 할 수 있어요. 어미 사자가 새끼 사자와 함께 먹잇감을 찾아다니면서 세대를 넘어 이어온 지혜인 거죠. 그래서 인간의 손에서 양육된 사자는 사냥을 하지 못합니다. 일본에는 온천에 들어가는 원숭이가 있는데 이 또한 처음에는 한 마리가 시도를 해보고 성공하자 보고 흉내 내는 동안 저절로 터득한 지혜예요. 경험 지식이 전승된 것이죠.

예술가의 기교나 장인의 기술, 운동선수의 능력 혹은 자전거나 자동차 운전 기술도 언어화되지 않는 경험 지식이에요. 완전히 육체적인 감각에 의존하는 것이기 때문에 경험의 축적으로밖에는 익숙해지지 않아요. 도기를 굽는 장인은 이 정도 점토를 사용하면 이 정도 크기의 그릇이 만들어진다는 것을 경험적으로 판단할 수 있지만 그것을 언어화해 타인에게 알려주기란 쉬운 일이 아니죠.

── '장인의 기술'을 말하는 것인가요?

가령 하늘이 잔뜩 흐리고 번개가 치면 금방 비가 올 것이라는 사실은 누구나 경험적으로 알고 있어요. 동물들도 안다는 말입니다. 하지만 수개월에 걸쳐 이집트에 대지를 덮는 나일강의 증수가 언제 시작될지 그 전조를 알아내기란 불가능합니다. 일 년 열두 달 여름인 사막 기후에 속하는 이집트는 사계절의 변화조차 없는 나라죠. 그럼에도 고대 이집트인들은 그들의 삶에 없어서는 안 되는 중요한 나일강의 증수 징조를 알아내기 위해 이리저리 궁리하며 자연계를 관찰하다가 결국 한 가지 사실을 깨달았어요. 새벽에 해가 뜨기 직전 동쪽 하늘에 시리우스별이 반짝이는 것을 보고 이때부터 나일강의 증수가 시작된다는 것을 알게 된 것이죠. 시리우스는 오리온좌를 쫓아가듯 올라오는 청백색 일등별이에요.

'해가 뜨기 직전에 시리우스별이 반짝인다'는 원인이 있으면 '나일강 증수가 시작된다'는 결과가 나옵니다. 이와 같은 원인과 결과의 관계를 인과율이라고 하는데, 이 경우 '왜'라는 설명은 필요하지 않습니다. 경험적으로 '과거에 그랬기 때문에 앞으로도 그럴 것이다'라는 예측만으로 충분하죠. 그 이유에 대한 배경은 신화로 설명이 가능합니다.

이집트 신화에서 시리우스별은 여신 아이시스의 화신이었습니다. 아이시스는 오리온좌의 신 오시리스의 아내이면서 풍요의 신으로 숭배받았죠. 고대 이집트인들은 나일강의 증수가 말라버린 대지를 촉촉하게 적시고 이집트에 풍요로운 혜택을

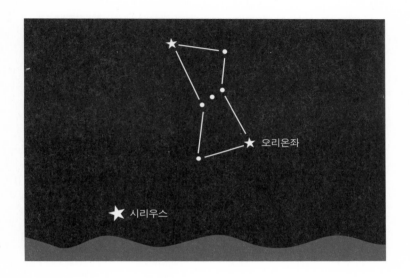

오리온좌

시리우스

가져다준다고 믿었습니다.

지구에서 본 하늘은 위치 관계가 고정된 성좌(항성) 사이를 태양과 달, 혹성이 매일 위치를 바꾸어가며 움직이는 것처럼 보이지만 실제로는 태양의 주위를 지구와 혹성이 도는 것으로, 태양이 같은 성좌로 돌아오기까지의 기간(365일과 6시간)은 지구가 태양의 주위를 공전하는 주기 즉 1년을 의미해요.

고대 이집트인들은 시리우스별이 태양과 함께 출몰하는 현상을 계속 관찰한 결과 인류 역사상 처음으로 1년의 정확한 일수를 알게 되었어요. 이것이 이집트 태양력입니다. 곧 이집트로 원정을 떠난 로마의 장군 율리우스 카이사르는 태양력의 정확도에 놀라 로마 제국의 달력으로 도입하게 되죠(율리우스력). 이것을 르네상스 시대에 로마 교황 그레고리우스 13세(Gregorius XIII, 1502~1585)가 개량한 것이 현재 우리가 사용하는 그레고리력입니다.

여기까지 육체적 감각과 경험에 의존하는 지성에 대해 알아보았어요. 하지만 인간은 또 다른 능력도 겸비하고 있죠. 가령 도구를 사용하지 않고 저수지의 둘레 거리를 측정하려면 어떻게 하면 좋을까요?

— 저수지 주위를 한 바퀴 돌면서 몇 걸음 걸었는지 세어 보면 됩니다.

정답이에요. 보폭이 0.6미터 정도 되는 사람이 저수지 둘레를 한 바퀴 돌았더니 3,300보였다고 합시다. 이 저수지를 둘러싼 총 길이는 0.6×3,300=1,980미터(약 2킬로미터)가 된다는 것을 알 수 있어요.

이런 능력을 보유하고 있는 것은 인간뿐이에요. 특별 훈련을 하면 침팬지도 숫자를 기호로 인식하는 정도는 가능하지만 숫자를 이용해 계산하는 일은 불가능하죠. 숫자, 특히 기하학은 나일강의 증수 후 토지의 재구획이 필요해짐에 따라 이집트에서 발견되어 그리스로 넘어가면서 고도로 발달하게 됩니다. 기원전 3세기 그리스의 수학자 에우클레이데스(Eucleides, BC 330~BC 275)가 완성한 평면기하학(유클리드 기하학)은 지금도 세계 각국의 초등학교 수학 시간에 가르치고 있어요. 평행사변형이나 사다리꼴의 면적을 구하는 방법은 누구나 배워 알고 있죠.

최초의 철학자라고 불리는 탈레스(Thalēs, BC 624~BC 545)가 이집트를 방문했을 때 왕에게 이런 질문을 받았습니다.

"당신은 피라미드의 높이를 측정할 수 있는가?"

이때 탈레스는 본인의 키와 그림자의 비율을 구해 피라미드의 그림자 높이를 구한 다음 피라미드의 높이를 대략적으로 알아내 왕을 놀라게 했다는 전설이 있습니다. 이것을 응용하면 지구의 크기도 계산할 수 있죠.

고대 이집트 최후의 왕조인 프톨레마이오스 왕조의 그리스계 천문학자 에라토스테네스(Eratosthenes, BC 273?~BC 192?)는 다음과 같은 사실을 알아냈습니다.

"나일강 중류의 시에네에서는 하짓날이 되면 태양이 머리 바로 위에 있어 우물 밑에 태양이 비친다."

그가 사는 나일강 하구의 알렉산드리아에서는 하짓날에도 태양이 머리 바로 위에 있는 것이 아니라 약간 기울어 있어

7.2도의 그림자가 생겼죠. 그래서 에라토스테네스는 생각했어요. '같은 날인데 태양의 위치가 다르다는 것은 대지가 평평하지 않고 둥글기 때문이다.'

— 오! 그렇다면 지구의 크기는 어떻게 측정할 수 있나요?

태양 광선은 거의 평행해요. 그리고 유클리드 기하학의 정리에 따라 두 개의 평행선을 횡단하는 직선이 만드는 엇각은 대등하죠(하단 그림 참조). 이 정리에 따라 알렉산드리아에서 태양광의 기울기 α는 시에네와 알렉산드리아 사이의 위도의 차이(지구의 중심각) α와 같으므로 7.2도가 됩니다.

지구의 둘레 길이 : 시에네와 알렉산드리아 사이의 거리
=360도 : 7.2도

그러므로 시에네와 알렉산드리아 사이의 거리를 알 수 있으면 지구의 둘레 길이는 계산이 가능합니다.

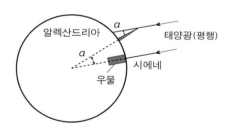

시에네와 알렉산드리아 사이는 도보로 약 50일 정도 걸리므로 한 사람이 하루에 걸을 수 있는 거리를 50배하

면 됩니다. 에라토스테네스는 이 거리를 약 5,000스타디온(약 890킬로미터)으로 추정하고 5000×360÷7.2=250,000이므로 지구의 전체 둘레 길이는 약 25만 스타디온(약 4만 6,000킬로미터)이라는 계산이 나왔죠.

실제 지구의 둘레 길이는 약 4만 킬로미터 정도 됩니다. 고대 그리스인이 이성을 이용해 이 정도까지 계산해낸 것은 경이적인 일이 아닐 수 없습니다. 에라토스테네스가 살았던 기원전 3세기 중국은 진나라 시황제 시대, 북유럽 숲에서는 아직 게르만족이 사냥을 하며 살고 있던 시절이었죠.

── 고대 그리스인들이 뛰어난 지성을 소유했다는 말인가요?

인간은 탈레스나 에라토스테네스처럼 경험과 감각으로 얻기 힘든 지식을 순수 두뇌 노동(유추와 계산 능력)만으로 알아내는 능력이 있어요. 그리스인은 이와 같은 능력을 '로고스(Logos)'라고 불렀죠. 그리스어로 '로고스'는 원래 '비율'을 의미하는 말로, 피라미드의 그림자 길이에서 그 높이를 유추해내는 것을 의미해요. 그 전까지 신화를 인용해 설명하던 경험 지식을 로고스를 써서 설명할 수 있게 된 것은 고대 그리스인들이 얼마나 위대했는지 알 수 있는 대목이죠.

로마 시대가 되면서 로고스는 라틴어로 '비율', '보합'을 의미하는 '라티오(Ratio)'로 번역되다가 영어의 '리즌(Reason)'으로 정착하게 돼요. 한자 문화권에서는 '정(情, 감정)'에 대한 개념으로 우주의 법칙을 나타내는 '이(理)'나 그것을 이해하는 인간의 지적 능력을 표현하는 '성(性)'이라는 것이 있죠.

중국 송나라에서 확립된 주자학은 우주의 법칙인 '이(理)'와 인간의 이성인 '성(性)'을 본질적으로 같은 것으로 보고 (성즉리), 물질 원리의 '기(氣)'와 인간의 감정인 '정(情)'을 같은 것으로 보았어요. '이(理)'가 '기(氣)'를 지배한다는 우주철학에서 출발해 인간에 이르러서는 '성(性)'이 '정(情)'을 컨트롤해야 한다는 도덕론을 설파하는 것이 주자학입니다. 주자학에서 이성의 절대화는 다음에 나올 데카르트의 이론과 매우 비슷합니다.

── 여기까지 정리해보면 인간의 정신 활동에는 다음과 같은 두 가지가 있는 것 같아요. 첫째는 시각, 청각, 촉각과 같이 보고 만지면서 감각으로 알아가는 경험지식과 지혜. 둘째는 두뇌를 이용해 논리적, 수학적인 합리성을 추구하는 이성. 이것이 맞나요?

두 번째 것을 극적으로 발전시킨 것이 아리스토텔레스의 논리학입니다.

1. 모든 고양이는 포유류다.
2. 모든 얼룩고양이는 고양이다.
3. 따라서 모든 얼룩고양이는 포유류다.

1. 어떤 고양이는 애완용으로 길러진다.
2. 모든 얼룩고양이는 고양이다.
3. 따라서 어떤 얼룩고양이는 애완용으로 길러진다.

　이것이 삼단논법입니다. 아리스토텔레스는 이와 같은 논리를 몇 가지 패턴으로 분류해 사고의 '도구'로 체계화시켜 《오르가논(Organon)》이라는 책으로 엮었어요. 오르가논이란 그리스어로 '도구, 수단'을 뜻하는 말이에요. 말하자면 '사고의 도구 상자'라는 의미죠. 논리(logos)라는 말에서 논리학(logica)이라는 학문을 만들어낸 것도 아리스토텔레스입니다. 18세기 독일의 철학자 칸트는 이렇게 말했어요.

논리학은 고대로부터 안전한 학문으로 확실한 길을 걸어왔다. 그 이유를 우

리는 아리스토텔레스 이후 어떤 후퇴도 하지 않았다는 것에서 알 수 있다.

—칸트, 《순수이성비판》(서문), 제2판[2]

―― 논리학에 관해서는 '이미 아리스토텔레스에서 완전한 학문으로 자리 잡았다'는 뜻인가요?

진리를 추구하기 위해서는 논리적인 정확함이 반드시 필요해요. 논리적으로 오류가 있다면 결론 또한 오류일 수밖에 없겠죠. 학문적인 논쟁을 할 때 상대방 의견의 논리적인 오류, 다시 말해 모순을 지적할 수 있다면 이보다 더 큰 무기는 없습니다.

아리스토텔레스는 자신보다 훨씬 선배에 해당하는 엘레아의 제논(Zenon ho Elea, BC 490?~BC 430?)의 '아킬레우스와 거북'이라는 명제를 예로 들며 논리 모순의 실례로 삼았어요.

트로이 전쟁의 영웅 아킬레우스와 거북이가 달리기 경주를 하게 되었습니다. 거북이는 핸디캡을 인정받아 아킬레우스보다 목표지점에서 가까운 곳에서 출발하기 시작했어요. 아킬레우스는 거북이가 출발한 지점 A를 향해 달려갑니다. 하지만 그 시점에서 거북이는 A에서 벗어나 목적지와 가까운 B에 있습니다. 아킬레우스가 B 지점에 도착하면 거북이는 목적지에 더 가까운 C에 가 있죠. 아킬레우스가 C 지점에 다다르면 거북이는 목적

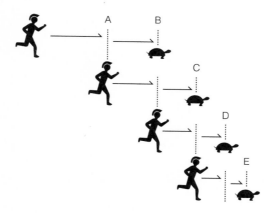

지와 더 가까운 D에 가 있게 됩니다. 아킬레우스가 D에 다다르면…… 이런 식으로 계속됩니다. 그러므로 결론은 '아킬레우스는 영원히 거북이를 이길 수 없다'가 되고 맙니다.

이것이 제논의 역설(패러독스)이에요. 논리적으로는 옳은 것처럼 보이지만 여기에서 유추되는 결과는 완전히 잘못된 것을 예로 든 겁니다. 어디에 모순이 있을까요?

거북이가 A에서 B까지 이동하는 거리, B에서 C까지 이동하는 거리, C에서 D까지 이동하는 거리……는 무한대로 작아져 마지막에는 제로가 됩니다. 이 포인트에서 아킬레우스는 거북이를 제치게 되죠. 즉, 이 명제는 추월하는 지점까지의 아킬레우스와 거북이의 위치 관계만을 설명하고 있을 뿐이죠. 추월하는 지점에 도착할 때까지는 아킬레우스가 거북이를 추월하지 못하는 것은 당연한 사실이에요.

── 그렇게 간단한 논리인가요?

논리학은 수학과 함께 합리성을 추구하는 이성적인 학문입니다. 수학은 전 세계는 물론이고 전 우주에도 적용시킬 수 있는 부동의 원리죠. 마찬가지로 뛰어난 논리학은 한 민족의 종교의 틀을 넘어 전승됩니다. 아리스토텔레스 논리학은 로마 제국을 경유해 이슬람 제국에까지 전파되었어요.

9세기 이슬람 제국의 도시 바그다드에는 '지혜의 관'이라 불리는 국립 번역 센터가 있었는데 그곳에서는 조직적으로 그리스어 문헌이 아라비아어로 번역되고 있었습니다. 이로 인해 《코란》 번역 전문가였던 이슬람 법학자들은 아리스토텔레스 논리학의 유효성에 대해 깨닫게 되었습니다.

11세기 페르시아의 셀주크 왕조의 최고 학원 니자미야의 신학자 가잘리(al-Ghazālī, 1058~1111)는 아리스토텔레스 논리학을 이슬람 신학에 본격적으로 도입했어요. 12세기 이베리아 반도를 지배하고 있던 이슬람 왕조(무와히드 왕조)의 철학자 이븐 루시드(Ibn Rushd, 1126~1198)는 아리스토텔레스 전집의 주역을 담당했습니다. 이것이 라틴어로 번역되어 서구 세계로 전파되었고 그리스도교 신학에도 지대한 영향을 미쳤어요.

파리 대학의 신학교수 토마스 아퀴나스는 《신학대전》을 통해 아리스토텔레스 논리학과 그리스도교 신학을 융합시켰습니다. 고대 그리스의 사상이 위험시되고 그리스어 문헌을 소지하고 있다는 것만으로 화형에 처해지던 중세 시대에 "그렇지 않다. 아리스토텔레스 논리학은 그리스도교를 지키는 무기가 될 수 있다!"고 강조한 책이 바로 《신학대전》입니다.

── 하지만 종교라는 것은 이성으로는 설명하기 힘든 것 아닌가요?

좋은 지적이에요. 인간의 이성으로 모든 것이 설명 가능하다면 종교의 역할은 사라집니다. 토마스 아퀴나스도 이 모순에 부딪혔죠. 성경 속에는 이성으로는 설명할 수 없는 이야기가 수없이 등장합니다. 예수가 처녀의 몸에서 태어났다든가, 물 위를 걸었다든가, 죽은 자를 살려냈다든가, 죽은 지 사흘 만에 부활했다든가 하는 이야기들은 이성으로는 설명이 불가능하죠.

이러한 성경의 믿기 힘든 기록에 대해 토마스 아퀴나스는 "이성에 반하기 때문에 잘못되었다"고 결코 지적하지 않습니다. "성경에 기재된 내용은 모두 옳다. 이성은 만능이 아니다"

라고 딱 잘라 말하고 있죠. 가톨릭교회를 지키는 신학자의 입장에서 그는 이성에 제동을 건 거예요.

— 토마스 아퀴나스 이야기는 좀 난해한 것 같아요.

중세라는 시대의 한계라고 할 수 있어요. 16세기 종교 개혁으로 가톨릭교회의 권위가 실추되고 나서야 비로소 본격적인 이성의 시대가 도래했죠. 하지만 그리스도교가 이성의 발달을 저해한 것만은 아니에요. '유일신이 온 세상과 우주를 창조했다'는 신앙을 통해 신이 정한 온 우주의 법칙을 관통하는 섭리를 알고 싶다는 지적 호기심이 생겨났고, 이는 근대 과학의 초석이 되었어요. 고도의 문명을 구축해온 인도나 중국 등 아시아에서 자연과학적 발견이나 이론의 구축이 거의 이루어지지 않았다는 것과 대조적이죠. 자연과 공생하는 다신교 문명에서는 자연의 베일을 벗겨내고자 하는 욕구가 생겨나지 않습니다.

같은 다신교였던 고대 그리스나 로마 시대에도 우주 전체가 곧 신이라는 사상(범신론)이 있었어요. 이는 우주를 신이 창조했다고 생각하는 중세 가톨릭교회에서 이단시되었으나 신비주의 철학자 에크하르트(Johannes Eckhart, 1260?~1327?)나 신플라톤주의 학자 니콜라우스 쿠사누스(Nicolaus Cusanus,

1401~1464)에 의해 은밀히 계승되다가 근대에 들어와 조르다
노 브루노(Giordano Bruno, 1548~1600)나 스피노자(Baruch de
Spinoza, 1632~1677)에 의해 재평가되었죠. 조르다노 브루노는
이단자로 체포되어 로마 종교재판에서 화형에 처해지기까지 했
어요(1600).

　이런 혼란한 시기에 유일하면서도 절대적인 신의 존재를
흔드는 '위험인물'이 등장합니다.

2

데카르트의 충격

판단 기준을 '신'에서 '인간의 이성'으로 옮겨놓은
데카르트의 사상에 대해 알아보자.

르네 데카르트가 태어난 17세기 초의 프랑스는 진흙탕 속
에서 벌어진 위그노 전쟁(참고 p.57)이 끝날 무렵이었습니다. 당
시는 내전에 승리한 부르봉 왕조의 앙리 4세(Henri Ⅳ, 1553~
1610)가 왕위에 오르고 낭트 칙령(1598)을 통해 신앙의 자유를
보장하면서 비교적 언론의 자유가 보장되던 시대였어요.

귀족의 자식으로 태어나 병약한 어린 시절을 보내면서 숫
자에 뛰어난 재능을 보인 데카르트는 앙리 4세의 기부로 설립
되어 예수회가 경영하는 명문 학교에 들어가 학문을 익힙니다.
이 학교에서는 중세 이후의 가톨릭 신학(스콜라 신학)뿐만 아니
라 르네상스 시기에 큰 발전을 이룬 천문학과 의학, 당시 연금
술이라 불리며 기이한 학문으로 여겨지던 화학까지 폭넓게 가

르쳤어요.

재학 중에 국왕 앙리 4세의 암살 사건이 벌어지고 세상이 아직 시끄러운 가운데 데카르트는 현실 사회의 모순이나 혼란과는 전혀 다른 합리성을 추구하는 학문인 수학과 논리학의 세상에 더욱 몰두하게 됩니다.

추리의 확실성과 명증성(明證性) 때문에 그중에서도 특히 내 마음을 끌었던 것은 수학이었다. 그러나 당시 나는 아직 그것의 참된 용도를 깨닫지 못했다. 그리하여 수학이 기계적 기술에만 도움이 되고 있음을 생각하고는 그 기초가 이렇듯 단단하여 움직이지 않는 것임에도 불구하고 지금까지 누구도 그 위에 좀 더 높은 건물을 세우지 않았다는 것을 이상히 여기고 있었다.
— 데카르트, 《방법서설》(제1부)[3]

── 데카르트는 혼란한 세상이 싫어서 확실성이 보장되는 수학의 세계로 도피한 건가요?

당시의 수학은 그리스에서 발달해 건축기사 같은 사람이 쓰는 기하학과 이슬람에서 시작되어 상인이나 채권자가 계산할 때 쓰는 대수학이 독립된 과목으로 존재하고 있었어요. 이 두 가지 학문을 통합한 것이 수학자 데카르트의 업적이죠. '데카르

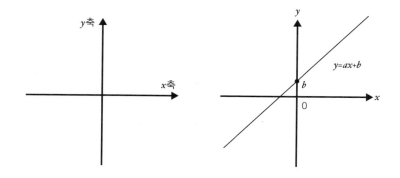

트 좌표'는 데카르트의 업적을 상징하는 것으로 유명해요.

　　데카르트 좌표는 가로축을 x축, 세로축을 y축으로 하는 계산식을 평면 좌표상의 직선과 곡선으로 표시한 거예요. 미지의 숫자를 x로 하고 $x=2a$처럼 수식으로 계산할 수 있도록 만든 사람이 바로 데카르트죠.

—— 중학교 때 수학시간에 배운 이 수식을 데카르트가 발견한 건가요?

　　x, y 좌표가 등장한 것은 좀 더 시대가 흘러서이지만 데카르트의 업적을 기리는 의미에서 '데카르트 좌표'라고 이름을 붙인 거예요. 수식을 그래프로 표현하는 해석 기하학도 데카르트의 업적 가운데 하나입니다.

나는 성년이 되어 선생들로부터 해방되자마자 모든 학문 연구를 버렸다. 그리하여 나 자신 속에서 발견할 수 있는 학문, 혹은 세상이라는 크나큰 책 속에서 발견할 수 있는 학문 말고는 어떠한 학문도 구하지 않으리라 결심했다. 나는 나의 청년 시대의 나머지를 여행으로 보냈다. 여기저기의 궁정이나 군대를 보고 온갖 기질이나 신분의 사람들을 방문하여 여러 가지 경험을 거듭하면서 (중략) 나 자신을 시험하려 했다.

— 데카르트, 《방법서설》(제1부)[4]

여행을 통해 견문을 넓히고 각지의 왕후들을 알아두는 것은 당시 젊은 귀족에게 매우 중요한 일이었어요. 하지만 데카르트가 살아온 시대는 종교전쟁의 폭풍우가 거센 시대였죠.

스페인과 떨어져 있던 네덜란드 신교도들은 스페인 왕가가 강요하는 가톨릭 신앙에 반발해 유혈이 낭자한 독립전쟁을 시작했어요. 데카르트는 일단 네덜란드로 가서 신교도들의 리더였던 나사우의 백작 마우리츠(Mauritz, 1567~1625)가 이끄는 군대에 들어갑니다.

체류 중이던 네덜란드에서 일이 없어 시간이 남아돌았던 데카르트는 수학과 물리학 논문을 여러 권 쓰게 됩니다. 얼마 지나지 않아 독일에서 30년 전쟁이 시작되자 '세상이라는 큰 책'을 배우기 위해 독일로 건너가죠.

당시 독일은 '신성 로마 제국'이라 불리며 종교적 권위의 상징인 로마 교황 밑에서 정치적으로 군림하던 합스부르크가의 지배를 받았으나 세력이 약했던 탓에 300개를 넘는 제후(귀족)와 자치 도시가 각지를 나누어 통치하던 상황이었습니다.

바티칸 대성당 개축 때문에 재정난에 빠진 교황 레오 10세 (Leo X, 1475~1521)가 면죄부를 팔아 자금을 모으는 일을 마틴 루터가 규탄했을 때, 루터를 종교재판에 회부하려는 교황과 황제의 압력에 항거하며 마지막까지 루터를 지켜주고자 노력했던 사람은 작센 공과 같은 유력한 제후였습니다. 이후 제후들은 황제 측(가톨릭)과 작센 공 측(신교도)으로 나뉘어져 독일을 분열시키는 내전을 일으킵니다. 이것이 30년 전쟁이에요.

데카르트는 황제의 즉위식에 참가한 뒤 가톨릭 연맹이 이끄는 바이에른 공의 군대에 들어갑니다. 프랑스의 예수회(가톨릭) 학교에서 교육을 받은 데카르트가 네덜란드에서는 신교도가 주축인 군대에 들어가고 독일에서는 가톨릭 군대에 들어간 거죠.

── 신·구교를 가리지 않았다는 말인가요?

수습 사관으로 독일을 전전하던 어느 해 초가을, 당시에는 추위가 시작되면 휴전을 하는 것이 관행이었습니다. 관저의 화로방에서 웅크리고 있던 데카르트는 다음과 같은 확신을 갖게 됩니다.

'성 아래의 작은 마을이 오랜 시간을 거쳐 거대한 시가지로 성장하는 것보다 한 명의 설계사가 넓은 초원에서 자신의 생각대로 깔끔하게 설계하는 도시가 더 아름답다.'

그리고 그 설계사가 지켜야 할 준칙으로 다음과 같은 네 가지를 꼽았습니다.

1. 명백하게 진리임을 인정할 수 있는 것 이외의 모든 것을 의심한다.
2. 분석의 대상을 가능한 한 작은 부분으로 나눈다.
3. 가장 단순하고 인식하기 쉬운 곳부터 분석을 시작하고 복잡한 것으로 넓혀간다.
4. 빠진 것은 없는지 철저히 재검증한다.
   이때, 감각은 우리를 속이는 경우가 많으므로 감각을 버린다. 인간은 잘못을 범할 수밖에 없는 존재이므로 지금까지 진리라고 인정해온 논증 또한 모두 버린다.

나의 생각도 나의 환상이나 꿈만큼 참되지 못하다고 가정했다. 하지만 이 모든 것이 거짓이라도 내가 이 모든 것이 거짓이이라고 생각한다는 사실

만큼은 거짓일 수가 없기에, "나는·생각한다. 고로 나는 존재한다"라는 명제가 너무도 확고하고 견고한 진리임을 확신했다. (중략) 나는 그러한 진리를 조금의 두려움도 없이 내가 탐구하려고 했던 철학의 제1원리로 삼을 수 있다고 판단했다. **──데카르트, 《방법서설》(제4부)[5]**

회의주의란 이 세상에 옳은 것은 아무것도 없다는 비관적인 태도를 의미합니다. 하지만 데카르트는 오히려 숫자적 논리를 구사할 수 있는 '나'의 이성이 절대적인 기준, 다시 말해 x, y 좌표축의 중심점이 되고 거기에서부터 세상의 모든 것을 분석할 수 있다는 강한 확신에 차 있었습니다. "나는 생각한다. 고로 나는 존재한다"는 명언은 데카르트의 이런 확신을 표현한 것이죠. 그때까지 신이 전 우주의 기준점이었으나 데카르트는 거기에 인간의 이성을 올려놓았습니다.

── 인간의 이성이 '신'이란 말인가요?

자칫하면 가톨릭교회에 맞서는 반역자로 몰려 이단 심문의 대상이 될 수도 있는 무서운 발언이죠. 실제로 데카르트와 동시대를 살았던 천문학자 갈릴레오 갈릴레이(Galileo Galilei, 1564~1642)는 조르다노 브루노에 이어 로마에서 이단 심문을 받으면서 지동설을 철회하라고 강요받았습니다.

데카르트는 이런 가혹한 시대에서 살아남기 위해 "나는 가톨릭교도다"라고 단호히 말하면서 "신앙을 지키고 가장 온건한 입장에 따라 법률과 관습을 지키며, 만약 필요하다면 가장 확률이 높은 방법을 선택해 세계의 질서를 바꾸기보다 자신의 욕망을 바꾸어야 한다"는 처세술도 보였습니다.

군대에서 제대해 네덜란드에 정착하게 된 데카르트는 한 권의 자연과학서를 집필하기 시작합니다. 《이성을 바르게 인도하고, 여러 학문에서 진리를 찾기 위한 방법서설》이라는 긴 제목의 책이에요. 서문인 '방법서설'은 근대 철학의 금자탑으로 평가받고 있습니다.

데카르트가 자연과학 분야에서 이룬 업적은 뉴턴(Isaac Newton, 1642~1727)과 같은 뛰어난 후계자가 나타나면서 추월당하는 바람에 지금은 잊히고 말았죠. 오히려 우주를 신의 신비라는 굴레에서 벗어나 인간의 이성으로 분석 가능한 운동체로 본 것이 데카르트의 최대 업적이라고 할 수 있습니다.

데카르트의 기계론적 우주관은 '신이 천지창조를 한 후 우주에 대해 손을 뻗치는 작업을 일체 멈추었기에 우주는 그 자체의 운동법칙에만 따라 움직인다'는 이신론(理神論)으로 발전해 뉴턴으로 이어집니다. 뉴턴의 업적은 실험과 관찰을 통해 데카르트의 우주관을 검증한 것에 있어요.

이신론과 무신론이 유행한 18세기에는 정치사상 분야에서도 새로운 움직임이 있었습니다. 전통적인 제반 제도를 파괴하고 이성을 토대로 한 이상 국가를 건설하자는 사상 즉, 자연법 사상과 사회계약론이 널리 퍼지면서 프랑스 혁명을 일으키는 계기가 되었죠. 그 공로와 죄과에 대해서는 앞의 1전에서 언급했으나 데카르트가 던진 충격의 여파가 지금까지 이어지고 있다고 해도 과언이 아니에요.

근대 문명의 은혜 속에서 그것이 가져다준 폐해 또한 너무나 잘 알고 있기에 데카르트를 떼어놓고는 어떤 것도 예찬하기 어렵습니다. 데카르트의 방법은 수학과 자연과학의 분야에서 큰 공을 세웠어요. 하지만 인간의 정신세계는 '선(善)'이나 '덕(德)' 혹은 '미(美)'처럼 수식으로 설명이 불가능한 부분도 있습니다.

'합리적으로 사는 것'과 '잘 사는 것'은 차원이 다른 문제죠. 이 부분을 소홀히 한 것이 근대 문명의 병폐로 이어진 것은 아닐까요?

── 환경 오염과 같은 문제 말이죠.

'덕'이 결여된 이성이 폭주한 최악의 결과로 핵무기를 꼽을 수 있어요. 가공할 만한 원자핵 에너지를 뿜어내기 위해서는 정확하면서도 방대한 계산식이 필요하죠. 수학적·물리적으로 완벽하게 맞아떨어지지 않으면 불가능한 일이에요. 하지만 핵무기를 만든 것이 도덕적으로 옳은 일일까요? 유전공학도 마찬가지입니다. 유전자 편집을 통해 맞춤형 인간을 만들어내는 기술이야말로 이성이 만들어낸 것이죠. 하지만 공업 제품처럼 인간을 '양산'하거나 '결함 상품'을 도태시키는 일이 도덕적으로 허용될 수 있는 일일까요?

도덕적인 선악의 기준은 경험에 의한 것도, 수학적 이성에 의한 것도 아닙니다. 머리가 아닌 마음의 문제라는 말이죠. 그렇다면 '마음'이란 무엇일까요?

다음 장에서는 데카르트가 불확실하고 애매한 것으로 보고 잘라버린 감정의 부분과 격투한 사상가들에 대해 알아보도록 하겠습니다.

도덕은 어디에서 오는 것일까?
—플라톤 철학

**플라톤의 도덕론과 그 기초가 된
이데아론에 대해 살펴보자.**

'선(善)'이나 '덕(德)' 혹은 '미(美)' 같은 가치관은 수식으로 표현이 불가능하지만 많은 사람들이 이들의 가치를 '옳다'고 인정하고 있는 이유는 무엇일까요?

── "심정적으로 용서할 수 없다"는 말에서 '심정(心情)'이란 감정을 의미하는 것일까요?

소크라테스는 고발당한 당시(참고 p.45) 나에게는 신령(다이모니온)의 목소리가 들리며 자신은 신령의 목소리에 따라 행동할 뿐이라고 증언했습니다. 그는 적대자들로부터 '국가가 공인한 신들을 가벼이 여기고 새로운 신을 추앙해 젊은이들을 타락시켰다'는 죄목으로 고발당했어요. 하지만 그가 말하는 다이모니온이란 '양심'에 가까운 의미입니다. 지금도 일부 국가에서는 '양심적 병역거부'가 인정되고 있어요. 소크라테스는 양심에 따라 권력 있는 시민을 비판한 죄로 고발당한 것입니다.

도덕이란 인간 행동의 선악을 규율하는 기준이에요. 이 기준은 외부에서 주입되는 것이 아니라 '내면의 목소리'로 들려온다는 생각을 더 명확하게 정의내린 사람은 소크라테스의 제자 플라톤이었습니다. 플라톤은 스승 소크라테스의 사상을 그와 다른 사람들이 대화를 나누는 형식으로 연극처럼 작품을 써내려갔어요. 이런 작품들을 '대화편'이라고 하는데 초기의 대화편 가운데 일반인들에게는 잘 알려지지 않은 《메논》이라는 것이 있습니다.

철학자 소크라테스와 이방에서 온 젊은 손님 메논과의 대화인데, 메논의 다음과 같은 질문으로 시작합니다.

"제게 말씀하실 수 있습니까? 소크라테스 선생님. 미덕은 가르침을 받아 알 수 있는 것입니까? 아니면 훈련에 의해 연마하는 것입니까? 그도 아니면 본성적으로 가지고 태어나는 성질의 것입니까?"

소크라테스는 이렇게 대답하죠. "인간에게 덕을 가르칠 수는 없으며, 본래 인간이 무엇인가를 배운다는 것은 원래 그 사람의 혼이 기억하고 있던 진리를 '기억해내는' 작업이다. 그리고 '기억해내는' 작업을 잘 이끌어주는 사람이 뛰어난 교사이며, 이 작업은 텅 빈 그릇에 물을 채우는 작업과는 다르다."

이 사실을 입증하기 위해 소크라테스는 메논의 추종자, 노예 신분의 소년을 불러 한 가지 실험을 합니다.

일단 지면에 정사각형 ABCD를 그려 보여주고 (그림 1) "이 정사각형과 2배 크기가 되는 정사각형을 그리려면 한 변의 길이를 얼마로 해야 할까?"라고 묻습니다.

소년은 거침없이 대답하죠.

"2배로 길게 해서 그리면 됩니다."

소크라테스는 실제로 한 변을 2배씩 늘려 사각형 EBFG(그림 2)를 그려 보여주고 원래 정사각형의 몇 배 크기가 되었는지 다시 물어봅니다.

소년은 대답했습니다.

"앗, 크기가 4배가 되었네요."

소크라테스는 다시 처음 정사각형 ABCD에 대각선 AC를 그어 보여주고(그림 3) '삼각형 ABC의 크기는 사각형 ABCD의 크기와 비교했을 때 어떤가?' 하고 묻습니다.

소년은 대답합니다. "반입니다."

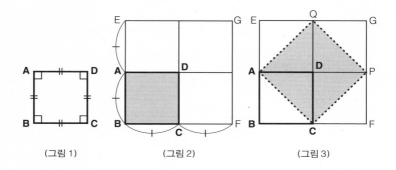

(그림 1)　　　　　(그림 2)　　　　　(그림 3)

　마지막으로 소크라테스는 다른 세 정사각형에도 각각 대각선 CP, PQ, QA를 그어 보여주고 새로운 정사각형 ACPQ를 만들어 보여줍니다. "처음 정사각형 ABCD 크기와 새로 만든 사각형 ACPQ의 크기를 각각의 삼각형 개수로 대답해보라"고 소년에게 말합니다.

　"ABCD는 삼각형 2개분, ACPQ는 삼각형 4개분입니다."

　"그렇다면 4개는 2개의 몇 배지?"

　"2배입니다."

　"그 말은 곧 ACPQ의 크기는 ABCD의 2배라는 뜻이네. 2배 큰 정사각형을 만들려면 한 변의 길을 어떻게 정해야 하는지 이제 알겠지?"

　"네, 최초의 정사각형의 대각선을 한 변으로 하면 됩니다."

　"정사각형의 대각선을 한 변으로 하는 정사각형의 면적은 원래 정사각형의 2배가 된다."

이것을 무작정 가르치는 것이 아니라 본인의 이성의 힘으로 증명할 수 있도록 옆에서 도와주었습니다. 정말 훌륭한 교육론이 아닐 수 없죠. 기하학 교육을 한 번도 배운 적 없는 소년이 유클리드 기하학의 기초를 이해한 거예요.

비단 이 소년에 국한되지 않고 사람은 누구나 이런 능력을 가지고 태어납니다. 그것은 경험에서 얻은 것이 아니라 본디 태어날 때부터 가지고 있는 능력이라고 플라톤은 생각했어요. 인간의 지성에는 경험을 통해 몸으로 익히는 능력과 태어나면서 혹은 태어나기 전부터 타고나는 능력이 있는데 앞에서 말한 예는 후자의 좋은 예라고 할 수 있습니다.

만약 이 아이가 인간이라고 해도, 인간으로 태어나지 않았다 해도 올바른 생각이 이 아이 안에 내재해 있고 그것이 질문을 통해 상기되고 지식으로 승화한다면 이 아이의 혼은 모든 상황에서 항상 깨어 있고 배우는 상태가 된다. ─플라톤, 《메논》(21장)[6]

기하학이나 대수학처럼 객관적인 개념조차 그것을 개념으로 이해할 수 있는 정신의 거푸집 같은 것이 인간에게는 존재합니다. 인간은 세계를 있는 그대로 보기보다 혼에 각인된 이 거푸집을 통해 보고 있습니다. 이 선천적으로 타고난 거푸집을 플라

톤은 '이데아'라고 불렀고 아리스토텔레스와 칸트는 '카테고리'라고 불렀죠. 자세한 내용은 뒤에서 다시 다루도록 하겠습니다.

—— 앞의 사례는 기하학과 관련된 것이지만 메논이 묻고자 했던 것은 도덕을 배울 수 있는 것인지에 관한 거 아닌가요?

그 또한 마찬가지죠. 플라톤은 도덕성 또한 본디부터 타고난 것으로 이미 영혼(psyche)에 각인되어 있다고 믿었습니다. 그렇다면 영혼은 언제 그것을 배웠을까요? 그것은 이미 태어나기 전에 배운다는 것이 플라톤의 주장입니다.

영혼은 불멸할 뿐 아니라 여러 번 태어나고 여기 지상은 물론이거니와 하데스(저세상)에 있는 이 모든 것들을 보았기 때문에 영혼이 배우지 않은 것은 없다. 그러므로 덕에 대해서든, 다른 모든 것에 대해서든 적어도 이전에도 알고 있던 것인 이상 영혼이 그들을 상기할 수 있는 것은 전혀 이상한 일이 아니다. (중략) 탐구하고 배우는 것은 결국 모두 과거를 상기하는 작업이기 때문이다. **—— 플라톤, 《메논》(15장)[7]**

하데스는 그리스 신화에 등장하는 명계(저승)의 신이며 지하의 신입니다. 하늘의 신 제우스와 바다의 신 포세이돈이 하데스의 형제죠. 명계의 신이라는 점에서 이집트 신화에 등장하는 오시리스와 유사합니다. 하지만 오시리스처럼 죽은 자를 심판하고 부활시키는 이야기는 거의 나오지 않죠.

고대 그리스에도 '오르페우스'라는 종파가 있었는데 그들은 영혼의 부활과 재생, 윤회와 전생을 믿고 있었습니다. 신화에 등장하는 오르페우스는 하프의 달인으로 뱀에게 물려 죽은 아내 에우리디케를 다시 데려오기 위해 명계로 내려갑니다. 아내를 되돌려달라고 필사적으로 호소하는 오르페우스를 불쌍히 여긴 하데스는 아내를 데려가도록 허락하죠. 하지만 지상으로 올라올 때까지 절대 아내 에우리디케 쪽을 돌아보아서는 안 된다는 조건을 달았습니다. 이제 한 발짝만 더 가면 지상이 나오는 시점에서 오르페우스는 아내 에우리디케 쪽으로 머리를 돌립니다. 그러자 그 즉시 아내의 모습은 사라지고 맙니다.

오르페우스 종파의 교의에 따르면 명계로 내려간 사자의 혼은 생전에 어떤 삶을 보냈느냐에 따라 두 가지 길로 갈린다고 합니다. 선행을 쌓은 자는 오른쪽으로 나아가 신과 한 몸이 되지만 악행을 쌓은 자는 왼쪽으로 가 노송나무의 뿌리에 있는 레테의 강(망각의 강) 물을 마시고 지상의 기억을 모두 잃고 1,000년에 걸친 지옥의 모진 시련을 견딘 후 다시 기억이 사라진 뒤 지상에서 다시 태어납니다.

'명계에서의 심판', '영혼의 윤회전생'과 같은 사상은 원래 그리스에는 없던 사상이지만 고대 인도나 이란, 이집트에서는 일반적으로 알려진 사상이죠. 이들 사상을 그리스에 전파한 사람은 오르페우스 교단 사람들로, 채식주의나 명상과 같은 계율을 중요시하고 피타고라스(Pythagoras, BC 580~BC 500), 플라톤 같은 저명한 철학자들의 영향을 받았어요.

'숫자의 아버지'라고 불리는 피타고라스는 남부 이탈리아의 도시 크로톤을 거점으로 활동한 전설적인 인물이었어요. 그는 대장장이 집에서 울리는 망치소리를 듣고 철침의 길이와 음계 사이의 비례 관계를 깨달았을 뿐 아니라 현악기의 음계와 현의 길이 사이에 수학적인 관련성을 찾아내어 만물은 수학적 질서에 의해 설계되어 있다고 주장했어요.

"직각삼각형의 빗변을 한 변으로 하는 정사각형의 넓이는

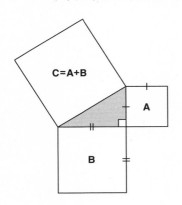

다른 두 변을 각각 한 변으로 하는 정사각형 두 개의 넓이의 합과 같다"는 피타고라스의 정리를 비롯해 다양한 정리 발견에 몰두했던 사람들이 피타고라스학파예요. 후에 그들의 공적을 집대성한 사람이 에우클

레이데스였죠.

플라톤은 남이탈리아의 시칠리아 섬을 세 번 방문했는데 피타고라스학파 사람들에게서 기하학을 배우고 그들을 통해 오르페우스 교단에 대해 알아갔습니다.

'영혼의 불멸'이라는 테마는 스승 소크라테스가 독배를 마시기 전까지의 마지막 몇 시간을 감옥에서 함께 보내면서 남긴 말들을 기록한 작품《파이돈》에 명확히 기술되어 있습니다. 위대한 철학자의 죽음을 한탄하며 그를 위로하고자 모인 사람들에게 소크라테스는 이렇게 담담히 말합니다.

"철학자가 탐구하는 것이 음식일까? 성욕일까? 호화로운 옷과 구두를 손에 넣는 일일까? 이것들은 모두 육체와 관련된 것들이다. 철학자의 임무는 영혼의 방향으로 나아가는 것이다. 육체는 영혼을 혼미하게 만들고 영혼이 육체와 교류하면 진리와 지혜 획득을 방해한다."

만약 영혼이 순수한 형상으로 육체에서 떨어져나갔다고 가정해보자. 그럴 때 영혼은 육체적인 요소를 조금도 끌어당기지 않는다. 왜냐하면 영혼은 그 생애에 걸쳐 (중략) 육체를 피하고 자기 자신에게 집중하고 있었기 때문이다. 영혼은 이것을 평생 연습한다. 그리고 그런 연습이야말로 올바로 철학하는 자의 자세이며 또한 진실로 평온하게 죽음을 맞이하는 연습

을 하는 것과 다름없다.　　　　　　**─플라톤, 《파이돈》(3-4)**[8]

　　플라톤은 오르페우스 교단이나 피타고라스학파에 의해 확장된 '영혼 불멸과 전생'이라는 사상을 충분히 갈고 닦은 뒤 드디어 자신의 철학의 중심 테마인 이데아론에 도달하게 됩니다.

──　이데아란 무엇인가요?

　　그리스어로 이데아는 '보여진 것'을 의미합니다. 영어의 아이디어(idea, 관념)와 독일어의 이데(Idee, 이념)의 어원이죠.

　　플라톤 철학에서는 구체적인 사물이 아니어도 그 본질, 본래의 모습을 '이데아'라고 칭합니다. '얼룩고양이'와 같은 구체적인 모습이 아니라 고양이 그 자체를 '고양이의 이데아'라고 말하죠. 지상에 존재하는 모든 것은 이데아를 가지고 있으며 플라톤은 이데아의 설계자로서 신이 현실의 것들을 창조했다고 믿었어요. 여기에 '영혼의 불멸'이라는 사상이 결합되면 다음과 같이 됩니다.

　　영혼은 오래 전 천상의 이데아계에 살고 있었다. 이것이야말로 진리의 세계요, 지상의 세계는 이데아계의 불완전한

'그림자'에 지나지 않는다. 지상으로 전락해 육체를 얻은 영혼은 다양한 사물과 현상을 본다. 이 상태에서는 개나 인간이나 국가나 모두 불완전하게 죽음을 맞이한다. '그림자'에 지나지 않지만 영혼은 오래 전 이데아계에서 본 이상적인 개와 인간, 국가를 '떠올린다'. 현실의 '그림자'를 이데아에 가까이 갈 수 있게 도와주는 것이 철학자의 사명이다.

플라톤은 '이데아' 혹은 '이에도스(형상)', '진실의 실존'과 같은 다양한 표현을 썼는데 제자 아리스토텔레스가 '이데아론'으로 일반화시켰습니다.

인간의 영혼은 어떤 영혼이라도 태어나면서부터 진실함을 본다. 본 적이 없다면 인간이라는 존재에게도 오지 않았을 것이다. 하지만 이 세상의 것들을 단서로 저 세상에 존재하는 진실함을 상기하는 일이 모든 영혼에게 쉬운 일은 아니다. 어떤 영혼들은 저 세상의 존재를 아주 잠깐 동안만 보았을 수도 있고 또 어떤 영혼들은 이 세상에 떨어지고 나서부터 (중략) 오래전에 본 모든 성스러운 것들을 잊어버리기 때문이다. (중략) 그러나 '아름다움'은 어느 순간 우리의 눈에 비치며 찬연하게 빛나고 있다. (중략) 그때, 맑고 청아한 빛을 본 우리 자신 또한 맑고 청아해진다. 육체(소마)라 불리는 영혼의 무덤은 굴처럼 그 속에 단단히 자리를 잡은 채 몸을 휘감

고 있는 오염 속에서 아직 장례도 치르지 못하고 있는 날들을 보내고 있다.

— 플라톤, 《파이드로스》(250A)[9]

── 이 세상을 산다는 것은 육체라는 '오염된 무덤 속'에 있다는 말인가요?

"육체는 영혼의 감옥이다." 그리스 고대 격언 중에 있는 이 말은 플라톤의 작품에 가끔 등장하는 말이에요. 이 감각을 알지 못하면 이데아론은 이해하기 힘들죠.

4

영혼의 불멸—고대 인도 철학

서유럽 철학에도 많은 영감을 준
고대 인도의 우파니샤드 철학을 살펴보자.

'영혼의 불멸과 재생'에 대해 맨 처음 깊이 사고한 사람들은 고대 인도인들이라고 생각됩니다. 중앙아시아에서 말을 이끌고 북인도를 정복한 아리야인은 자연의 신을 기리는 바라몬교를 창설했습니다. 번개와 태양, 대지와 불을 기리는 소박한 종교로, 일본의 신도(神道)와 비슷한 점이 많습니다. 바라몬교의 신관을 바라몬이라 부르며 이들의 성전(聖典)을 《베다》라고 칭합니다.

《베다》는 4부로 구성되어 있는데 1부에서 3부까지는 신들을 찬미하는 찬송가와 의식 순서를 기록하고 있으며 4부는 우주와 생명의 기원을 논하는 철학서 성격이 짙어요. 바라몬의 선생이 가장 뛰어난 제자에게 직접 설파하는 형식으로 우파니샤드 사상을 전하고 있죠. 우파니샤드 자체는 문답 형식으로 이루어져 있습니다.

이 육신은 언젠가는 죽기 마련이며 우리는 죽음에 얽매여 있다. 하지만 불멸하는 아트만의 주거지이기도 하다. (중략) '내가 이것을 말하겠다'고 의식하는 것, 그것이 아트만이다. [기능으로서의] 언어는 말하기 위해 필요한 것이 지나지 않는다. '내가 이것을 듣겠다'고 의식하는 것, 그것이 아트만이다. [감각기관으로서의] 귀는 듣기 위해 존재하는 것에 지나지 않는다. '내가 이것을 생각하겠다'고 의식하는 것, 그것이 아트만이다. [사고 능력으로서의] 의식은 아트만의 신적(神的) 혜안이다.

—《찬도기야 우파니샤드》(8:12)[10]

한마디로 육체는 아트만(ātman, 영혼/의식)이 머무는 공간에 지나지 않는다는 의식입니다. TV는 그냥 상자에 불과하지만 전파를 수신하면 영상과 소리가 나오는 의미 있는 존재로 변하죠. 컴퓨터 또한 네모난 상자에서 윈도우나 매킨토시와 같은 기본 소프트(OS)를 탑재하면 네트워크와 연결되기도 하고 문장을 쓸 수 있는 도구로 변신하기도 합니다. 마찬가지로 육체도 그 자체만 보자면 고깃덩어리에 불과하지만 아트만이 머물 때 비로소 보고 듣고 생각하는 일들이 가능해진다는 거예요.

벌은 사방 여러 곳에 있는 꽃나무들에게서 그 꿀을 가져다가 하나로 모아서 하나의 꿀을 만든다. (중략) '나는 이 꽃에서 나온 즙이오', '나는 저 꽃에서 나온 즙이오' 하는 개별 의식이 없다. 이처럼 모든 세상이 그 존재에 잠기면 '우리가 그 속에 잠겨 있다'는 의식은 사라진다. 세상에서 어떤 모습으로 살았든지 호랑이, 사자, 이리, 돼지, 곤충, 여치, 파리 혹은 모기 그 무엇이든지 모두 그 존재 자체가 된다. (중략) 그 모든 것을 본성이라고 한다. 그 존재가 곧 진리다. 그 존재가 곧 아트만이다. 그것이 바로 너다.

—《찬도기야 우파니샤드》(6:9)[11]

각 가정에 있는 다른 TV에 같은 전파가 전해지는 것처럼, 각자 다른 컴퓨터에 같은 OS가 인스톨되는 것처럼, 개개인의 육체에 머무는 아트만도 그 '토대'는 같습니다. 이것을 브라만(Brahman)이라고 하죠. 산스크리트어인 '아트만'은 그리스어로 '프시케', 우리말로는 '영혼'으로 해석할 수 있습니다.

불멸의 존재인 아트만은 병과 노화, 죽음의 운명에 놓일 수밖에 없는 인간의 육체에 머물며 영생합니다. 그러므로 '생(生)'이란 불멸의 아트만이 육체를 속박하는 것이며, 반대로 '사(死)'는 아트만이 육체에서 해방되는 것을 의미하죠. 사생관의 역전인 것입니다.

── 플라톤도 같은 말을 했죠.

플라톤은 기원전 5세기 인물이고 우파니샤드 철학이 성립된 시기는 기원전 8세기이므로 우파니샤드가 훨씬 먼저 나왔어요. '우파니샤드'에서는 육체를 뺀 아트만이 다시 브라만과 일체가 되는 것을 '해탈'이라고 하며, 해탈에 실패해 다른 육체에 기거하게 되는 것을 '윤회'라고 합니다. 석방된 죄인이 평범한 인간 세계에 섞이지 못하고 또다시 감옥에 가는 것과 비슷한 이야기죠.

해탈하기 위해서는 아트만과 브라만이 일체가 되어야 하며 육체는 임시 거처에 불과하다는 사실을 정확히 이해해야 한다는 것이 우파니샤드의 기본적인 사상입니다.

우파니샤드 철학이 탄생한 시대의 북인도는 전란의 시대였습니다. 오리엔트에서 전해져온 철제 농기구의 보급으로 갠지스강 유역의 삼림이 개발되고 토지를 둘러싼 분쟁이 격화되고, 바라몬(신관)의 권위가 실추되면서 사람들은 새로운 구세주를 갈망하고 있었죠.

현재의 네팔에 해당하는 샤키야(Sākya) 왕국의 왕자 싯다르타(Gautama Siddhārtha, BC 563?~BC 483?)는 물질적인 풍요로움 속에서도 영혼의 평안을 얻지 못한다고 생각하고 왕관과 영토, 아내와 자식까지 다 버리고 출가해 수행승이 됩니다. 엄격한 금욕 생활과 단식으로 몸을 계속 축내다 죽음에 이르기 직전에 마을 사람에게 구조되어 보리수 아래에서 명상에 들어가 결국 '득도'라 일컫는 경지에 이르죠.

1. 영원을 갈망하는 영혼이 꺼져가는 육체에 거하고 있기에 삶은 괴로움이다.
2. 고통과 괴로움은 환영과 같은 현세에 집착(번뇌)하는 데 원인이 있다.
3. 원인을 제거하면 괴로움은 사라진다. 이 세상의 집착을 버리면 괴로움도 사라진다.
4. 원인을 제거하기 위해서는 여덟 가지 수행을 해야 한다(팔정도).

처자도 부모도 재산도 곡식도 친척이나 모든 욕망까지도 다 버리고, 무소의 뿔처럼 혼자서 가라.　　　　　　　　　　　　—《수타니파타》(60장)[12]

싯다르타는 드디어 제자들로부터 붓다(깨달음을 얻는 사람) 또는 석가모니(석가족의 성자)로 불리게 되고 북인도 각지를 돌아다니며 깨달음을 설파하는데 이것이 불교의 성립입니다. 그

의 조국 샤키야는 이웃나라 대국 코사라에 의해 멸망합니다. 그가 만약 출가하지 않고 왕위를 계승했다 하더라도 모든 것을 잃었을 테죠.

여든을 넘긴 붓다는 여행 중에 들른 어떤 마을에서 시교하면서 대장간에 들렀다가 대장장이의 아들 순타(Cunda)가 내어준 버섯 요리를 먹은 뒤 고통을 느끼다가 숨을 거둡니다. 순타가 내어준 것이 바로 독버섯이었습니다. 하지만 붓다는 말합니다.

"순타는 나에게 마지막으로 음식을 내어주었다. 모든 것은 움직이는 법, 쉬지 말고 (수행에) 매진하라."

순타는 후에 훌륭한 수행자가 되었습니다.

붓다의 죽음을 둘러싸고 여러 가지 설이 있으나 기원전 380년대가 유력합니다. 소크라테스가 죽음을 맞이한 해가 기원전 399년이니 두 사람은 동시대를 살았던 성자들이죠. 하지만 서로의 존재를 알 리 없었습니다. 그런데도 붓다의 마지막 말은 모든 것을 내려놓고 독배를 들이킨 소크라테스가 남긴 말과 매우 흡사합니다.

그리스 사람이 처음으로 인도에 발을 디딘 것은 그 반세기 후 알렉산드로스 대왕의 동방원정 때예요. 예수가 탄생한 것은 그로부터 300년 후의 일이죠.

'나'와 세계

'나'란 존재는 무엇인가? 신이란 어떤 존재인가? 세계는 무엇인가? 이를 둘러싼 사상가들의 격투를 역사 속에서 들여다보자.

제4전의 주요 등장인물

칸트

키르케고르

쇼펜하우어

니체

어디까지가 '나'일까?

1

'나'란 누구인가? '정신'과 '육체',
'의식'과 '마음'의 경계선을 파헤쳐보자.

—— 아트만의 존재 같은 것은 과학적으로 증명이 가능한가요?

불가능합니다. 자연과학(물리학이나 생물학)은 인간이 보았
을 때 바깥 세계(外界)인 우주에서부터 나의 육체까지를 물리적
으로 보고 그 성질을 탐구하는 학문입니다. '인간이 아닌 바깥
세계'를 움직이는 재료와 그것을 움직이는 규칙을 알고자 하는
거죠.

—— 자신의 육체는 바깥(外)이 아니라 안쪽(內)이 아닌가요?

관찰자 눈으로 보면 바깥(外)입니다. 가령, 오늘 아침에 일

어났더니 배가 더부룩하고 불쾌했습니다. 그래서 왜 그런지를 생각해보았습니다. '아아, 어젯밤 송년회에서 너무 많이 마셨구나' 하고 어젯밤 일을 떠올리죠. 이렇게 '자신의 육체'의 변화를 냉정하게 관찰하는 '나 자신'(이것을 '자아'라고 해도 좋고 '의식'이라고 해도 좋습니다)이 있습니다. 다시 말해 자신의 육체는 의식이 아니라 의식에 의해 관찰되는 대상물인 거죠. 그런 의미에서 '바깥'으로 표현했던 것입니다. 인도 철학에서는 이 의식을 아트만이라고 한다고 앞에서 이야기했습니다.

—— 심리학은 어떤가요? 인간의 심리라는 것은 '안쪽'이라고 할 수 있지 않나요?

인간의 심리를 뇌 속 특정 부위나 신경 전달 물질의 움직임으로 설명하는 경우에는 뇌와 신경계라고 하는 하드웨어를 '의식의 바깥쪽'으로 취급합니다. 이것은 뇌생리학이라고 해서 의학의 일부에 들어가며 자연과학의 영역에 있죠.

반면, 인간의 마음의 움직임을 '안쪽에서부터' 설명하고자 하는 것이 프로이트(Sigmund Freud, 1856~1939)나 융(Carl Gustav Jung, 1875~1961), 아들러(Alfred Adler, 1870~1937)와 같은 사람들로, 심리학에서 나오는 정신분석입니다. 이것을 자연과학의 영역으로 보느냐 아니냐는 매우 미묘한 문제예요. 자연과학에서는 '추시(追試, 전 사람이 한 실험을 또 한 번 그대로 해서 확인함―옮긴이)'를 통해 누구나 동일한 결론을 얻지 못하면 진리로 인정하지 않습니다.

'STAP 세포(외부로부터의 자극을 통해 분화 다기능성을 갖게 된 세포. 이는 기존 생명과학 상식을 뒤집는 혁신적인 성과로 기대를 모았지만 일본 이화학연구소가 STAP 논문 조작·날조를 인정하고 논문을 철회하면서 소동으로 마무리 되었다―옮긴이)가 존재한다'고 주장하는 것만으로는 의미가 없습니다. 일정한 순서에 따라 세포를 조작하면 STAP 세포를 만들어낼 수 있다는 논문을 발표하고 순서대로 검증을 해보았을 때 세계 어느 나라 생물학자가 실험을 해도 같은 결과가 나올 때 비로소 학설로서 인정을 받게 되죠.

하지만 정신분석의 경우에는 환자에 따라 깜짝 놀랄 만한 결과가 나오기도 하고 전혀 효과가 나타나지 않는 경우도 있습니다. 낫는 환자가 있으면 낫지 않는 환자도 있다는 면에서 종교 영역과 비슷합니다. 마음이 의식의 안쪽인지 바깥쪽인지 하는 문제는 나중에 다시 생각해보기로 하죠.

── 의식이 아트만이라는 설명은 대강 이해했습니다. 하지만

육체가 죽으면 아트만도 죽는 것이 아닌가요? 컴퓨터 전원을 끄면 프로그램도 가동을 중단하는 것처럼.

그런 개념을 유물론이라고 합니다. 고대 그리스의 데모크리토스(Democritus, BC 460?~BC 370?)가 제창한 학설이죠. '세계의 다양한 물질, 흙과 물, 공기 혹은 육체 이런 모든 것들의 재료가 되는 근본적인 물질은 무엇인가?' 그리스인들은 이런 주제를 가지고 토론하기를 즐겼습니다. 탈레스는 이를 '물'이라고 생각했고 피타고라스는 특정한 물질이 아니라 수학적 질서로 이루어져 있는 것이며 이는 변하지 않는다고 여겼습니다. 데모크리토스는 눈에 보이지 않는 미세한 입자인 원자(아톰)가 존재하고 이것이 더 이상 분할할 수 없는 물질의 최소 단위라고 생각했습니다. 의식이나 영혼도 아톰으로 형성되어 있기 때문에 사람이 죽으면 영혼도 공기 중에 확산되어 아무것도 남지 않는다고 믿었어요. 근대인과 마찬가지로 사후의 세계도, 신의 심판도 없다고 생각했죠. 동시대를 살면서 영혼의 전생을 믿었던 플라톤은 유물론을 부정했습니다. 플라톤이 쓴 '대화편'에서도 데모크리토스를 무시하는 대목이 나오죠.

원자론과 유물론에서는 의식의 존재와는 아무 관계가 없는 세계(우주)가 확고하게 존재한다고 믿습니다. 의식은 감각 기관을 통해 '바깥 세계'를 감지하는 것이고 인간이 죽으면 감각은 사라지고 감각이 사라지면 의식도 사라진다는 거예요.

"우리가 살아 있는 동안 죽음은 존재하지 않는다. 죽음이 존재하면 우리는 이미 존재하지 않으니 죽음을 두려워하지 말라"고 한 사람은 헬레니즘 시대의 에피쿠로스(Epikuros, BC 341?~BC 270?)예요. 에피쿠로스학파를 '쾌락주의자'라고 부르는 것은 사후의 세계로 고민하지 말고 현재를 살라고 강조했기 때문입니다. 그렇다고 육체적인 쾌락을 탐닉하라는 것은 아니었어요.

제우스, 아폴론과 같은 올림포스 12신을 믿는 다신교가 널리 퍼져 있던 그리스 로마 시대에 이처럼 "신도, 저 세상도 존재하지 않는다"고 주장한 유물론이 어느 정도 지지를 받고 있었다는 사실은 놀랄 만한 일이에요.

'유일신에 의한 구원'을 강조한 그리스도교와 이슬람교가 널리 퍼지면서 유물론은 수 세기 동안 위험 사상으로 치부되면서 쇠락의 길을 걷습니다. 그러다가 프랑스 혁명 전 계몽주의 시대(18세기)가 되어서야 다시 부활했죠. 대표적인 유물론자로는 '백과전서파'였던 데니스 디드로를 들 수 있습니다.

독일에서는 이보다 늦은 19세기에 들어와 철학자 루트비히 포이어바흐((Ludwig Feuerbach, 1804~1872)가 유물론을 주장했

으며 이를 계승한 사람이 마르크스였습니다. 마르크스는 '데모
크리토스와 에피쿠로스'라는 테마로 논문을 쓰기도 했죠.

마르크스의 유물 사관(사적 유물론)에 따르면 세계사의 원
동력은 신과 인간의 이성이나 정신이 아니라 생산 수단(물질을
만들어내는 땅과 공장)을 누가 소유하느냐 하는 계급 간 투쟁으
로 엉킨 계급 투쟁 사관이라는 거예요. 실제로 마르크스는 노동
운동 지도자로 활약하기도 했으며 공산주의 운동을 창시한 아
버지로도 알려져 있습니다. 공산주의에 공감하는 좌익 지식인
들은 유물론에 찬성했을 뿐 아니라 종교와 신화에 대해 가르치
는 일 자체를 기피했어요.

원자론은 19세기 물리학자 돌턴(John Dalton, 1766~1844)
에 의해 재평가되었으나 좀처럼 받아들여지지 못하다가 나가오
카 한타로(長岡半太郎, 1865~1950)와 러더퍼드(Ernest Rutherford,
1871~1937)에 의해 원자핵 주변을 전자가 돌고 있다는 원자 모
델을 발견하면서 재조명되었습니다.

19세기의 근대 문명은 자연계를 단순히 '물질'로 보고 인간
의 경제적 이익을 위해 철저하게 이용하려는 노력을 기울였어
요. 원자 모델이 나온 지 반세기만에 원자핵 분열 에너지의 개
방(핵무기와 원자력 발전)으로까지 성공한 것이죠.

── 유물론은 합리적이기는 하지만 어딘가 결함이 있어 보입니다.

유물론자가 가치를 내리는 것은 경제적인 풍요와 물질적인 편리성이에요. 물론 돈이 있으면 맛있는 음식을 배부르게 먹을 수 있고 여름에는 시원하게 겨울에는 따뜻하게 지낼 수 있죠. 하지만 영양과다로 각종 생활습관병(성인병)을 유발시키고 조금의 추위와 더위도 견디지 못하는 허약한 인간을 양산하는 등의 문제도 간과할 수 없는 사실입니다.

그 근본적인 문제는 아무리 발버둥 쳐도 인간은 모두 결국에는 죽는다는 사실에 있습니다. 생로병사는 육체 그 자체를 소멸시킵니다. 육체를 안락하게 보존하는 데만 익숙해져버린 사람이 노화와 죽음에 맞서는 일은 결코 쉬운 일이 아니죠.

"죽으면 아무것도 남지 않으니 걱정하지 말라"고 에피쿠로스는 말하지만 아무런 위안도 되지 않습니다. 죽음에 직면한 유물론자는 죽음을 기피하고 1분 1초라도 목숨을 연명하기 위해 애를 씁니다. 병원에서는 자연스럽게 죽도록 내버려두지도 않죠. 여기저기 튜브를 꼽고 발버둥 치지 않도록 양손과 양다리를 침대에 묶고 결박합니다. 이래서야 안락한 죽음은 꿈도 꾸지 못하죠.

"철학하는 일은 평온히 죽음을 맞이하는 일을 연습하는 과
정이다."

플라톤의 이 말이 가슴에 와 닿습니다.

2

이원론을 초월한 칸트 철학

**'경험론'과 '합리론'을 뛰어넘으려 했던
칸트의 사상을 돌아보자.**

고대 인도 우파니샤드의 철학자는 아트만에 대해 이렇게 설명했어요.

보는 자와 보이는 것이 있다. 듣는 자와 들리는 소리가 있다. 말하는 자와 말을 듣는 상대가 있다. 생각하는 자와 그 대상이 있다. 인식하는 자와 그 인식의 대상이 있다. (중략) 이것이 당신의 아트만이며 영원히 존재하는 내부의 억제자다. ―《브리하드아란야카 우파니샤드》(2-7)[1]

불교의 창시자 붓다는 '색'=육체/물질, '수(受)'=감각, '상(想)'=식별, '행(行)'=의지, '식(識)'=인식이라는 다섯 가지 마음의 작용(5온, 伍蘊)은 본래의 자아(아트만)와는 다른 것이므로

여기에 집착하는 것이 괴로움의 원인이라고 했습니다(오온비아
(伍蘊非我)).

사람들은 내 것이라고 집착한 물건 때문에 근심한다. 자기가 소유한 것은
영원한 것이 아니기 때문이다. 이 세상 것은 모두 변하고 없어지는 것으로
알고, 집에 머물러 있지 말라. 사람이 '이것은 내 것'이라고 생각하는 물
건, 그것은 그 사람의 죽음으로 잃게 된다. 나를 따르는 사람은 현명하게
이 이치를 깨닫고, 내 것이라는 관념에 사로잡히지 말라.

— 《**수타니파타**》(**805-806**)[2]

　　훗날 불교철학(대승불교)에서는 자아(아트만)의 존재 자체
를 부정하는 '공(空)' 사상을 전개합니다. 하지만 초기의 불전
《수타니파타》가 전하는 붓다의 사상은 사멸해가는 육체와 영원
한 자아(아트만)를 혼동하지 말라고 설파하고 있습니다.

　　주목해야 할 것은 우파니샤드의 철학자든 붓다든 관찰자인
자아(아트만)와 관찰 대상인 마음(감각/의지/인식)을 확실히 구
별하고 있다는 점이에요. 육체와 마음 모두 의식의 '바깥쪽'에
있으면서 의식을 통해 꾸준히 '관찰되고(비춰지고) 있다'고 생각
하면 쉽습니다.

이 사상을 극적으로 발전시킨 것이 인도의 삼키야(Sāmkhya) 학파입니다. 삼키야학파에서는 우주를 정신 원리인 푸루샤(아트만)와 물질 원리인 프라크리티로 나눠요. 푸루샤에 투영된(관찰된) 프라크리티가 분화해 우주, 만물, 육체, 마음이 생겨나는데 이것은 관객이 혼자 춤추고 있는 무희를 보는 것과 같은 것으로, 관객이 보는 것을 멈추면 무희도 춤을 멈추고 무대는 끝납니다. 즉, 우주는 원래의 물질 원리인 프라크리티로 회귀한다는 사상이죠.

서양 철학에서는 정신(이성) vs 물질(육체/감각)이라는 이원론이 상식처럼 통해요. 이때 자아는 이성과 혼동될 때가 많습니다. "나는 생각한다. 고로 존재한다"는 진리에 도달한 데카르트도 이 점은 마찬가지였어요. 데카르트의 '나'는 이성을 의미합니다. 동양 철학에서는 하나로 통합되어 있는 '마음'을 서양 철학에서는 '이성'과 '감각'으로 분명히 나누는 것이 특징입니다.

데카르트가 제창한 이성을 중시하고 감각을 경시하는 철학(합리론)은 파스칼(Blaise Pascal, 1623~1662)이나 스피노자를 거쳐 독일의 라이프니츠(Gottfried Leibniz, 1646~1716)에게로 계승됩니다. 반면 역사(경험)와 관습을 중요시하는 영국의 철학자들은 이성을 의심하고 감각의 철학을 제창하기에 이릅니다. 영국의 경험론은 프랜시스 베이컨(Francis Bacon, 1561~1626)을 시작으로 토머스 홉스, 존 로크, 데이비드 흄(David Hume, 1711~1776)으로 이어집니다. 앞의 1전에서 소개한 사회계약설로 잘 알려진 존 로크(참고 p.76)는 《인간오성론》에서 다음과 같이 말하고 있습니다.

가령 마음을 아무 글자도 쓰이지 않은, 아무 관념도 가지고 있지 않은 백지라고 가정해보자. 그럴 때 마음은 어떻게 관념을 구체화시킬 수 있는가? (중략) 마음은 이성과 추리, 지식의 모든 재료를 어디에서 가지고 오는가? 이에 대해서 나는 한마디로 경험에서 온다고 답할 것이다. 우리의 모든 지식은 경험에서 토대가 만들어지고 궁극적으로 경험에서 유래하는 것이다.　　　　　　　　　　　　　　　　　　**—존 로크, 《인간오성론》(2-1)[3]**

　　존 로크는 '백지'로 태어난 인간이 감각적인 경험을 쌓은 결과, 단순한 관념에서 복잡한 관념을 생성해낸다고 생각했어요. 복잡한 추상 관념이나 시간, 공간의 개념조차 경험의 축적을 토대로 하고 있다고 믿었던 거죠.

　　로크는 물리학자 뉴턴과 동시대를 살았던 인물이에요. 이

시대 사람들은 실험과 관찰을 토대로 한 자연과학의 진보에 대해 굳건한 신념이 있었죠. 스코틀랜드의 철학자 데이비드 흄은 모든 관념은 외부 세계에 대한 인상에서 생겨나는 것이지 정신(이성)을 통해 생겨나는 것은 아니라고 생각했습니다. 반대로 아일랜드의 성직자 조지 버클리(George Berkeley, 1685~1753)는 이와는 정반대로 정신만이 실체이며 외부 세계는 정신이 지각하는 이미지에 불과할 뿐 실체는 없다고 단정 지어 말했습니다.

—— 어쩐지 '모든 것은 공(空)'이라고 설파하는 불교와 비슷한 것 같아요.

하지만 버클리는 국교회의 부잣집 도련님이었기에 성경을 부정하지 못했어요. 그래서 "인간의 정신(이성)을 창조한 신은 실체로서 존재한다"고 말함으로써 비판을 피해갔죠.

이들 영국계 철학자들은 모두 감각과 지각을 중시하고 데카르트의 이성만능주의를 비판했으나 이성과 감각을 대립시킨다는 점에서는 데카르트와 일치합니다.

그런데 독일에서 이 둘의 통합을 꾀한 천재 철학자 칸트가 나타납니다. 칸트는 1724년 프로이센에서 태어났어요. 17세기 전반 종교전쟁의 폭풍우가 세상을 휩쓸고 간 후 18세기 말 프랑스 혁명이 시작되기까지 비교적 평온하고 밝은 시대가 이어졌습니다. 영국에서는 산업혁명이 시작되었지만 노동 문제나 환경 오염 같은 부정적인 측면은 아직 부각되기 전이었죠. '암흑의 중세'를 넘긴 인류는 확실하게 진보하고 있다는 소박한 믿음이 싹트던 시대였습니다.

당시에는 독일이라는 나라는 없었어요. 중세 독일 제국(정식으로는 신성 로마 제국)은 17세기 전반의 종교전쟁(30년 전쟁)으로 분열되고 300개가 넘는 소국가와 자유도시로 해체되었습니다. 칸트가 태어난 프로이센 왕국은 명군 프리드리히 대왕의 집권으로 북동부 독일의 유력자로 대두되고 있었죠.

독일 요리하면 소시지와 감자가 유명한데 남미가 원산지인 감자는 농촌의 기아 대책을 위해 프리드리히 대왕이 보급시킨 거예요. "군주는 인민을 섬겨야 한다." 프리드리히 대왕이 남긴 이 말은 지금도 회자되는 말입니다. 그러나 그는 또 한편으로 남쪽의 대국 오스트리아를 침략해 영토를 확장할 정도로 냉철한 현실주의자적인 얼굴도 지니고 있었어요. 프리드리히 대왕은 통풍으로 고생을 하다가 프랑스 혁명 촉발 직전 일흔네 살의 나이로 세상을 떠났습니다. 독일의 최강 국가로 성장한 프로이센 왕국은 100년 후에 또 한 사람의 위대한 지도자 비스마르크(Otto von Bismarck, 1815~1898)의 손에 의해 통일을 이루게 됩니다.

발트 해에 접한 항구 도시 케니히스베르크에서 태어나 그 곳에서 대학 교수를 지내며 일흔아홉까지 장수를 누리다 소박하게 생애를 마친 칸트. 프리드리히 대왕보다 열두 살 아래인 칸트는 소화기 계통의 지병을 앓으면서도 프랑스 혁명부터 나폴레옹의 등장까지 모두 목격했습니다.

칸트의 생애에 걸친 철학은 지동설을 주장한 코페르니쿠스(Nicolaus Copernicus, 1473~1543)처럼 기존의 상식을 뒤집는 '코페르니쿠스적 전환'을 연상하게 합니다. 근대 철학에서 칸트가 미치는 영향력은 고대 철학에서 플라톤이 미친 영향력에 필적할 만하죠.

칸트가 줄곧 고민했던 것은 '안과 밖'이라는 문제였어요. 인간은 원래가 아무것도 없는 그릇으로, 오감(감각)을 통해 '바깥 세계'로부터 다양한 정보를 받아들여 자신의 머리로 생각을 거듭해 '진리는 이것이다'라는 관념을 이끌어냅니다. 이것이 아리스토텔레스에서 베이컨, 로크에 이르기까지 공통적으로 발견되는 부분이죠.

반면, 플라톤과 데카르트의 합리론은 이와 다릅니다. 수학적 논리(이성)와 선악의 판단력(도덕)은 선천적으로 타고나는 것이라는 입장이에요. 인간의 의식에 미리 탑재되어 있는 프로그래밍(이성)은 구매할 때부터 컴퓨터에 인스톨되어 있는 소프

트웨어(어플리케이션)와 같다는 것이죠. 이성은 대부분의 사람들이 공유하고 있는 것이므로 이성을 올바르게 사용하면 '만인 공통의 진리'를 찾아낼 수 있다고 그들은 믿었습니다.

'경험하기 전부터'라는 뜻으로 '선험적' 또는 '선천적'과 같은 말로 표현하기도 합니다.

문제) 다음 명제의 진위를 판정해보세요.

A. '고양이 모양을 한 로봇 도라에몽은 기계다.'
로봇은 기계다. '도라에몽은 고양이 모양 로봇이다'라고 규정된 것이므로 도라에몽은 기계다. 감정도 표현할 수 있을 만큼 매우 정교하게 만들어진 기계다.

이와 같은 결론은 단순히 머릿속으로 추리가 가능합니다. 이것이 합리론이죠. 그렇다면 다음 명제는 어떤가요?

B. '고양이 모양을 한 로봇 도라에몽은 수영을 할 수 있다.'
기계들은 보통 전기로 움직이므로 물에 닿으면 전기 장치가 망가진다. 도라에몽이 기계라면 물에 들어가는 순간 고장 날 가능성이 높지만 방수 시스템에 만전을 기했다면 괜찮을지도 모른다.

다시 말하면 합리론으로는 어느 쪽도 가능성이 있는 논리이므로 결론을 도출시키기 어렵습니다. 진위의 판정을 위해서는 실제로 도라에몽이 수영을 한 경험이 있는지 검토해보는 수밖에 없죠.

── 도라에몽은 수영을 한 적이 있나요?

네, 있습니다.

〈아빠와 노진구와 술이 헤엄치는 강〉(517화)에서 도라에몽은 수영을 해서 멋지게 강을 건넙니다. 그러므로 도라에몽이 수영할 수 있다는 사실은 증명되었습니다. 이것이 경험론이죠.

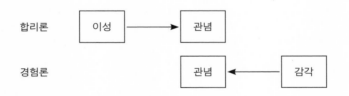

(인식은 어디에서 오는가 하는 문제에 대해서) 경험적인 기원을 주장하는 철학자의 대표는 아리스토텔레스, 이성적인 기원을 주장하는 철학자의 대표는 플라톤을 들 수 있다. 근대에 들어서면서 로크가 아리스토텔레스

를 계승하고 라이프니츠가 플라톤을 계승하고 있다. (중략) 하지만 로크
도, 라이프니츠도 이 문제에 관한 논쟁을 해결하지는 못했다.

— 칸트, 《순수이성비판》(2-4)[4]

칸트의 철학은 물과 기름처럼 섞이지 못했던 합리론과 경
험론을 "그렇다면 내가 한번 논리를 펼쳐보지"라며 통합시킨
것이라 할 수 있어요. 칸트는 이런 말을 남겼습니다. "경험으로
부터 관념을 이끌어내기 위해서는 선험적인 틀 만들기가 필요
하다."

— 경험에는 선천적 인식이 필요하다는 말인가요?

그렇죠. 예를 들어 하마치(방어새끼)와 부리(방어)는 어떻게
다른가요?

— 방어새끼는 회로 해서 먹지만 방어는 보통 무와 함께 졸여
먹습니다. 크고 지방이 많기 때문이죠.

그렇지만 방어새끼도 방어는 방어입니다. 보통 60센티미터
미만의 방어를 하마치(방어새끼)라고 하고 80센티미터 이상 되

는 성어를 부리(방어)라고 합니다. 지방마다 이름이 조금씩 다르기는 하지만 이런 생선을 출세어(자라면서 이름이 바뀌는 물고기로, 일본에서는 축하 연회 등에 단골로 등장함—옮긴이)라고 합니다.

그런데 영어로는 '하마치'나 '이나바'나 '부리'나 모두 다 같은 '옐로 테일(yellowtail)'입니다. 같은 생선을 보면서 일본인은 세세히 구분을 하고 서양인은 그냥 한데 엮어 한가지로 보죠. 이런 종류의 생선을 먹는 습관이 없는 그들에게는 아무래도 상관없기 때문입니다.

이와 반대되는 예도 있습니다. 정육점에 가면 갈빗살, 채끝, 양지 등으로 부위가 세세하게 나누어져 있습니다. 메이지 시대 이후부터 본격적으로 고기를 먹기 시작한 일본인에게는 익숙하지 않은 부분이죠. 요즘에도 "이 부위가 어딘데?" 하는 질문에 척척 대답할 수 있는 사람은 그리 흔치 않아요. 같은 고기를 보면서도 서양인은 세세하게 나누고 일본인은 그냥 한 덩어리로 보는 겁니다.

그렇다면 무지개는 몇 가지 색일까요?

── 일곱 가지 색입니다.

일곱 가지 색인지 직접 세어보았나요? 경험해보지 않고 '무지개는 일곱 색깔'이라고 단정 짓지만 실제 무지개는 그러데이션이므로 열 가지 색으로도, 스무 가지 색으로도 분류가 가능합니다. 붉은 색 계열의 선글라스를 낀 사람에게 초록으로 덮인 산은 검게 보이죠. 어디까지가 하마치이고 어디까지가 부리인지, 어디까지가 채끝이고 어디까지가 양지인지 그것을 정하는 것도 결국 사람입니다.

　로크가 말한 것처럼 경험만이 관념을 이끌어낼 수 있다고 한다면 이에 대해 제대로 설명하기가 어려워집니다. 칸트는 이것을 이렇게 설명하죠.

　"우리는 '사물 자체'를 보고 있는 것이 아니다. 사물을 보기 전에 미리(선험적으로) 관념의 틀(직관 형식)이라는 필터를 통해 보고 있다. 우리가 보고 있는 것은 필터를 통한 영상(현상)에 불과하다."

　붉은 색 선글라스를 끼고 검은 물체를 보았다 해도 그것이 실제로 어떤 색이었는지는 모릅니다. 선글라스에 닿는 직관 형식에는 시간과 공간의 관념 이외에 인과관계, 필연성 등 열두 가지의 형틀(카테고리)이 있으며 칸트는 그것들을 통괄하는 것이 이성의 힘이라고 주장하죠.

우리에게 어떤 감정이나 충동이 일어났을 때 두 근원에 의해 인식이 발생한다. 마음에 떠오른 표상을 받아들이는 능력(곧, 수용성)을 일컬어 감성이라 한다. 또한 스스로 표상이나 관념을 산출하는 능력(곧, 인식의 자발성)을 일컬어 지성이라 한다. (중략) 지성이란 감각기관이 직관한 대상을 사고하는 능력이다.

감성과 지성은 어느 쪽이 우세하다고 말할 수 없다. 감성이 없으면 어떠한 대상도 우리에게 주어지지 않을 것이고, 지성이 없으면 어떤 대상도 사유되지 않을 것이다. 내용 없는 사고는 공허하고, 개념 없는 직관은 맹목이다.

— 칸트, 《순수이성비판》(제2판 제2부문 서문)[5]

합리론이든 경험론이든 칸트 이전의 철학자들은(버클리는 제외하고) 세계를 실체로 여겼습니다. 인간은 이성과 감각을 통해 실체로서의 세계를 탐구하고 진리를 추구할 수 있다고 믿었던 거죠. 그런데 칸트는 인간이 세계를 알고자 할 때 필터에 걸러져 이미지(현상)밖에 이끌어내지 못한다고 여겼어요. 현상계는 인간의 외부에 있는 실체가 아니라 인간이 만들어낸 것이므로 경험론과 합리론을 구별하는 것은 의미가 없다고 주장했습니다. 이 발상의 전환을 칸트는 '코페르니쿠스적 전환'이라고 명명했죠.

칸트는 현상계를 파악하는 선천적 인식 능력, 수학적 이성을 '순수이성'이라 칭하고, 신의 존재라던가 영혼의 불멸 같이 경험적으로는 증명하기 어려운 현상에 대해 판단하는 이성을 '실천이성'이라고 구분해 불렀어요. 실천이성을 지배하는 것은 자연계의 법칙이 아니라 도덕관념이라고 본 거예요.

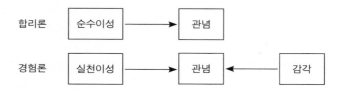

대작《순수이성비판》,《실천이성비판》,《판단력비판》의 3대 비판서와 국제연맹 구성을 제창한《영구평화론》(참고 p.144)을 완성하고 여든을 목전에 둔 나이에 운명을 달리한 칸트의 묘비 에는《실천이성비판》의 결론에 나오는 다음과 같은 문장이 새 겨져 있습니다.

생각하면 할수록 내 마음을 늘 새로운 놀라움과 경외심으로 가득 채우는 것이 두 가지 있다. 하나는 내 위에 있는 별이 빛나는 하늘이요, 다른 하나 는 내 속에 있는 도덕률이다. ──칸트,《**실천이성비판**》(**결론**)[6]

'별이 빛나는 하늘'을 탐구하는 '순수이성'
'내 속에 있는 도덕률'에 기초한 '실천이성'

이 두 가지만이 확실한 기준이라는 칸트의 의미심장한 '유언'이죠.

칸트는 데카르트적인 이원론에서 탈피하고자 몸부림치다가 겨우 타협안을 제시했습니다. 그러나 그의 후계자들은 언제까지나 이성을 믿는 헤겔파와 이성을 버린 아르투르 쇼펜하우어(Arthur Schopenhauer, 1788~1860), 니체파로 분열되고 맙니다.

키르케고르의 '신 앞에 선 단독자'

세속화된 그리스도 교회에 절망하여 참된 신앙을 찾아 해매던
사상가가 고군분투하는 모습을 들여다보자.

일본 문부과학성이 종교 법인을 대상으로 실시한 조사
(2006년)에 따르면 신도(神道)계가 1억 700만 명, 불교계가
8,900만 명, 그리스도교가 300만 명 정도 된다고 추산하고 있
습니다. 다 합하면 일본 인구의 배가 넘는 이유는 신사에서 하
는 정월 참배와 불교식 장례가 공존하는 일본 특유의 종교 의식
때문입니다.

그런데 여론 조사에서는 일본인의 약 70퍼센트가 '무교'라
고 답했습니다. 이것은 어찌 된 일일까요?

── 깊이 생각하지 않고 그냥 습관적으로 참배하기 때문 아닐
까요?

일본인들은 습관적으로 신사에 가서 정월 참배를 하고 불교식으로 장례를 치를 뿐 신도나 불교의 교리를 이해하거나 특정 신을 믿는 신앙심이 있는 것은 아니에요. 이런 경향이 나타나기 시작한 것은 에도 시대부터입니다.

전국 시대에 접어들어 천태종, 그리스도교, 정토진종 등이 군사력을 동원해 전국의 다이묘(大名)들과 끊임없이 항쟁을 벌였죠. 오다 노부나가(織田信長, 1534~1582)는 이들이 천하를 통일하는 데 방해가 된다고 생각하고 천태종의 사원인 엔랴쿠지(延曆寺)에 불을 지르고 정토진종을 가혹하게 탄압했어요. 도요토미 히데요시(豊臣秀吉, 1537~1598)는 그리스도교를 탄압하고 도쿠가와 막부가 시마바라의 난(1637년 일본 규슈 북부의 시마바라에서 가톨릭을 믿는 농민들이 중심이 되어 반란을 일으킨 사건—옮긴이)을 진압한 뒤에 전 국민을 불교의 어느 한 종파에 강제로 등록시키기에 이릅니다(데라우케 제도). 불교 교단은 불교의 존속을 인정받은 대신 신도의 명단(호적) 관리를 막부로부터 위임받았죠. 말하자면 승려들이 공무원이 된 것입니다.

그 결과, 장례를 치러야 할 일이 생기면 자연스럽게 본인이 속한 종파의 스님을 불러 장례 의식을 치렀으며 묘지도 절이 관리하게 되었어요. 그때의 관습이 지금도 남아 있는 거죠. 사원들은 안정적인 수입을 얻기 위해 장례식이나 묘지를 상품화하기 시작했습니다. 이때부터 '장례식 불교'가 성립되었죠.

　'장례 업자'로 변질된 불교에 영혼의 구원을 갈망하는 사람은 더 이상 찾아보기 힘들어졌어요. 종교로서는 '죽었다'고 해도 될 정도죠. 소박한 자연숭배에서 시작된 신도(神道)는 원래 특정한 교리를 가지고 있지 않기 때문에 영혼의 구원을 추구하지 않아요. 그래서 수많은 사람들이 일상과 향락 속에서 불안을 달래고 있으나 그것으로도 허함을 메우지 못하는 사람들은 카운슬러를 찾아가거나 신흥 종교에서 구원을 갈망하는 것이 현실입니다.

　서구 제국의 그리스도교 또한 일본 불교와 완전히 똑같은 문제에 직면하게 되었습니다. 루터와 칼뱅이 시작한 종교 개혁으로 인해 가톨릭교회의 권위는 흔들리기 시작했어요. 그때까지 사람들은 가톨릭교회에 소속되어 일요일 미사를 통해 공동체로서의 일체감을 가지고 있었으나 프로테스탄트교회(루터파, 칼뱅파)는 이것을 부정했죠. 사회심리학자인 에리히 프롬(Erich Pinchas Fromm, 1900~1980)은 이렇게 말했습니다.

가톨릭교회에서는 개인과 신에 대한 관계는 개인이 교회의 일원이라는 사실에 토대를 두고 형성되어 있다. (중략) 그런데 프로테스탄트교회는 개인은 그저 개인 차원에서 신과 마주 선 존재다. (중략) 개인이 신 앞에

혼자 서 있으면 압박감에 휩싸여 완전한 복종에 의한 구제를 갈망하지 않을 수 없다. ——에리히 프롬, 《자유로부터의 도피》(제4장)[7]

유일신을 숭배하는 그리스도교에서 신은 전지전능하고 압도적인 존재입니다. 우주와 인간을 창조하고 반역하는 인간을 심판하고 세상이 끝나는 날 이루어지는 '최후의 심판'을 통해 전 인류를 심판하는 절대적인 존재입니다. '나무아미타불'을 외치면 무조건적으로 구제해주는 아미타와는 다른 존재죠.

공동체에서 내팽개쳐진 개인에게 루터와 칼뱅은 절대적인 신 앞에 혼자 서라고 강요했습니다. 불안을 견디지 못한 수많은 사람들은 종교적인 것에서 멀어지며 세속적인 금욕과 노동에 파묻혀갔습니다. 독일의 사회학자 막스 베버(Max Weber, 1864~1920)는 영국과 네덜란드, 독일과 같은 프로테스탄트 국가의 사람들이 노동을 미덕으로 삼은 것이 결과적으로는 자본주의를 낳았다고 말합니다.

(본인은 신에 의해 구원받는다는) 자기 확신을 획득하기 위한 가장 뛰어난 방법은 직업 노동을 끊임없이 그리고 엄격하게 가르치는 것이었다. 직업 노동으로 인해 오히려 직업 노동에 의한 종교상의 의혹은 추방되고 구원받았다는 확신이 주어진다.

—막스 베버, 《프로테스탄티즘 윤리와 자본주의 정신》(제2장)[8]

가톨릭교회가 생활 속에 살아 있는 이탈리아나 스페인 같은 남부 유럽 국가나 원죄 의식을 가지고 있지 않은 그리스 정교회에서는 서부 유럽 국가와 같은 근면성과 윤리의식이 상대적으로 덜하기 때문에 사람들의 기질이 비교적 향락적이에요. 당연히 급진적인 산업 발전은 기대하기 힘들고 경제 성장은 더디게 이루어졌습니다. 정부는 만성적인 재정 적자에 시달려야만 했죠. 유로 폭락으로 야기된 그리스의 재정 위기는 그 전형적인 예 가운데 하나입니다.

서유럽적인 금욕주의와 남유럽적인 향락주의, 어느 쪽이 개인에게 보다 행복감을 안겨줄까요?

한 사람이 있습니다. 학창 시절, 인생의 의미에 대해 심각하게 고민하다가 어느 날 '기업 전사'로 변신해 일에만 매달립니다. 일에 매달리는 동안은 인생의 고민 따위 생각할 겨를도 없습니다. 어느덧 시간이 흐르고 그는 사회적으로도 성공을 거머쥡니다. 하지만 이것은 문제와 정면으로 맞서는 것이 아니라 자의반 타의반으로 외면하고 있을 뿐입니다. 정년 후 일에서 해방되어 다시 자기 자신과 마주하고는 '내 인생은 뭐였지' 하고 다시 생각하게 될 것입니다.

19세기 서유럽 사회도 이와 비슷한 상황이었어요. 사람들이 일과 직업을 통해 '구제'를 갈망하면서 교회를 이탈하는 한편 세속화된 그리스도교회와 성직자에 대한 국가 권력의 통제가 강화되었습니다. 국교회 제도가 확립된 거죠. 성직자는 국가의 임명을 받는 공무원 신분이 되어 행정기구의 말단을 책임지게 되었습니다.

　　프랑스에서는 프랑스 혁명으로 왕권과 결탁했던 그리스도교가 설 자리를 잃고 19세기 후반에 들어서는 정교 분리가 법제화되면서 성직자는 공교육에서 설 자리를 잃었습니다. 독일을 통일한 비스마르크도 가톨릭교회와의 '문화 투쟁'에서 승리한 뒤 정교 분리를 제도화했어요. 이처럼 19세기의 서유럽 제국에서는 '그리스도교 타도' 분위기가 이미 현저하게 나타나고 있었습니다.

　　사람들의 불안감은 극에 달하고 배출구를 찾지 못하면서 허무주의(니힐리즘)와 폭력적 혁명사상 혹은 그와는 정반대로 종교적 열광주의(신흥 종교)를 양산했어요. 정신장애를 앓는 사람도 폭발적으로 늘어났고요. 프로이트가 제창한 정신분석이 크게 각광받은 것도 이 시기부터입니다. 에리히 프롬은 20세기에 접어들면서 분출하지 못하고 쌓여 있던 마그마가 과격한 내셔널리즘과 파시즘으로 흘러들어 두 번의 세계대전을 초래했다고 분석했습니다.

북유럽의 덴마크에서는 아직도 국민의 80퍼센트가 덴마크 국교회에 소속되어 있으며 장례식의 90퍼센트는 국교회의 성직자 손에 의해 거행됩니다. 하지만 매주 교회에 가는 사람은 불과 5퍼센트에 불과하죠. 세속화에 물든 덴마크 국교회와 대중을 향해 "신 앞에서 혼자 맞서라"고 외친 사람이 쇠렌 키르케고르였습니다. 그는 19세기 전반에 태어나 짧은 생을 살다 갔어요.

키르케고르의 아버지는 가난한 양치기 신분에서 실업가로 크게 성공한 인물이에요. 하지만 평생을 죄의식에 시달렸죠. 어린 시절 가난을 원망하며 신을 저주했다는 기억과 자식을 낳지 못하고 첫 번째 아내가 병사한 직후 하녀와 관계를 맺어 아이를 낳게 한 일 때문이에요. 결국 하녀와 재혼하고 일곱 명의 자식을 낳았는데 키르케고르는 막내로 태어났어요.

물론 이런 사정을 어린 키르케고르가 알 리 없었죠. 아버지는 우울증이 날이 갈수록 심해졌고 천벌을 받을지도 모른다는 강박관념에 사로잡혔습니다. 소년 키르케고르는 이런 아버지 슬하에서 외출도 마음대로 하지 못하는 엄격한 교육을 받았어요. 성적이 뛰어났던 키르케고르는 덴마크 국교회의 성직자가 되도록 엄격한 수련을 받으면서 코펜하겐 대학의 신학부에 진학합니다.

그런데 키르케고르 일가에 연속으로 비극이 닥칩니다.

1819년 차남 사고사(12세), 1829년 장녀 병사(25세), 1832년 차녀 출산 후 사망(32세), 1833년 삼남 병사(24세), 1834년 모친 병사, 삼녀 출산 후 사망(33세). 아홉 명이었던 대가족은 아버지 와 장남, 막내인 키르케고르만 남고 모두 비극적인 죽음을 맞게 됩니다.

키르케고르는 학업을 중단하고 음울한 분위기의 집을 떠나 여행을 합니다. 아버지가 태어난 고향의 황량한 풍경을 보면서 그는 일기에 이렇게 기록했습니다.

"나의 사명을 아는 일, 신이 나에게 무엇을 해야 하고 무엇 을 내려주실지 아는 일, 이것이 문제다. 나에게 있어서 진리는 무엇일까? 이것을 찾아내야 한다. (중략) 객관적 진리를 추구한 들 그것이 나에게 무슨 도움이 될까."

그 후 3년 동안 집 근처에는 가지도 않고 빚까지 져가며 향 락에 젖어 생활하던 키르케고르는 스물다섯 살 때 아버지로부터 충격적인 고백을 듣고 그것을 '대지진'이라고 일기에 기록했습 니다. 일가의 불행이 아버지의 죄로부터 기인했다는 것을 알게 된 것이죠. 그러고는 생각했습니다. '그렇다면 나 또한 저주를 피 할 길 없이 형·누나들처럼 서른넷 생일이 오기 전에 죽게 된다.'

── 스물다섯의 젊은이가 '앞으로 9년밖에 살지 못한다'는 선고를 스스로에게 내리다니…….

'남은 생'을 어떻게 살아야 할까? 키르케고르는 아버지와 화해하고 학교로 돌아가 학문에 매진합니다. 그리고 그해 아버지마저 세상을 떠납니다. 절망과 우울로 평생을 보낸 아버지였지만 아버지와의 갈등 덕분에 자식은 대철학자가 되었습니다.

하지만 모든 것을 버리고 종교에 귀의하기에 그는 너무 젊었어요. 아버지 사후, 9살이나 어린 레기나라는 여성을 사랑하게 된 키르케고르. 그는 레기나에게 구혼을 하고 레기나는 이를 받아들입니다. 그런데 큰 형의 아내가 결혼 9개월 만에 병사하는 일이 벌어지자 키르케고르는 심각한 갈등에 휩싸입니다.

'나와의 결혼은 레기나를 불행하게 만들 게 틀림없어.'

'서른네 살까지 살지 못한다'고 확신하는 남자가 행복한 결혼생활을 보낼 수 있다고 생각하는 자체가 무리겠죠. 결국 키르케고르는 약혼을 파기하고 약혼반지를 돌려보냈습니다. 그의 일련의 저작은 레기나가 읽어주길 바라는 마음에서 쓴 것들이 많으나 레기나는 키르케고르를 젊은 여자 얼굴에 진흙을 뿌린 무책임한 남자로 매도합니다. 그리고 키르케고르는 대중 잡지의 가십거리가 되죠.

── 레기나 입장에서 보면 '그럴 거 구혼은 왜 한 거야!' 하는 마음이 드는 게 당연하겠죠.

드디어 서른넷, 생일날이 다가왔어요.

'내가 아직 살아 있어!'라고 신기하게 생각한 키르케고르는 교회에 가서 자신의 출생 기록을 확인했습니다. 그의 생년월일에는 아무 문제가 없었어요. '나는 신이 다시 살려주신 목숨이다. 나머지 인생을 그리스도교 재건을 위해 봉사하겠어!'라고 결심합니다.

신과의 중개 역할을 교회에서 구하지 않고 각자의 인간이 '신 앞에 단독자'로서 마주하고 그의 심판을 받을 각오를 다지는 것, 이것이 키르케고르가 주장한 '단독자' 사상입니다.

그들은 신 앞에서 항상 단독자였으며 지금도 그렇다. 유리 상자 속에 앉아 있는 인간일수록, 신 앞에서 모든 것을 간파당하는 인간일수록 부끄러움을 모른다. 그것은 양심의 문제다. 양심 덕분에 죄를 범할 때마다 죄를 범한 그 자신이 범죄 보고서를 쓰지 않으면 안 된다.

─키르케고르,《죽음에 이르는 병》(2-B)⁹

이때부터 진실한 신앙을 잊고 사는 대중 사회와 덴마크 국

교회를 상대로 한 키르케고르의 고군분투가 시작되었습니다. 대표작《죽음에 이르는 병》을 완성한 후에도 끊임없이 이어진 국교회에 대한 비판은 키르케고르가 목사가 되는 길을 막아버 렸어요. 안정된 수입도 없이 부친의 유산을 낭비하며 자비 출판 을 이어가면서까지 지속된 싸움은 그가 마흔둘에 길거리에서 쓰러져 급사할 때까지 계속되었습니다.

—— 장렬한 인생이었다는 생각이 듭니다.

키르케고르가 직면한 것은 '내가 존재하는 것이 무슨 의미 가 있을까?' 하는 근본적인 물음이었어요. '이에 답하지 못하는 철학에 무슨 의미가 있을까?'라고 키르케고르는 고민했죠.

신 앞에서 인격적으로 의식하지 못하는 모든 인간의 삶은 (중략) 막연히 어떤 추상적이면서 보편적인 것[국가, 국민 등] 속에 안주하거나 거기에 녹아 있거나 (중략) 자신의 재능을 그저 활동력으로만 생각할 뿐 그것으 로 인해 파생되는 깊은 의미를 의식조차 하지 못한 채 (중략) 자신은 이해 불가능한 어떤 존재라고 생각하는 모든 인간의 삶 (중략) 어떤 경탄해야 할 일을 성취했다 하더라도, 비록 그것이 인생 전부를 설명할 수 있는 것 이라 하더라도, 비록 그것이 매우 강렬하게 인생을 미적으로 향유하게 만들어준다 하더라도 그런 삶의 최후는 모두 절망이다.

—키르케고르,《죽음에 이르는 병》(1-B)[10]

데카르트 이후 철학자들은 '나'라는 부동의 시점, 신과 같은 냉정함과 객관적인 존재가 있고 거기에서부터 바깥 세계(변화하는 우주와 사회)를 관찰하여 어떤 진리나 법칙을 이끌어내고자 했습니다. 키르케고르의 시대에 이러한 철학의 정점에 서 있던 사람이 헤겔이죠.

헤겔은 칸트의 후계자로 독일의 관념론을 완성한 철학자입니다. 학생 시절 프랑스 혁명 발발 소식을 듣고 새로운 시대의 도래에 환호했던 헤겔. 이에나 대학에서 강사를 하던 무렵, 그는 프랑스군을 이끄는 나폴레옹의 입성을 목격하고는 "말을 탄 세계정신을 보았다"며 나폴레옹을 극찬하는 편지를 친구들에게 보내기까지 했어요. 프랑스 혁명에 대한 헤겔의 무한한 긍정은 생애에 걸쳐 변함없이 이어졌습니다.

무서운 얼굴을 한 초상화의 이미지와는 달리 식욕이 왕성했던 헤겔은 오페라를 즐겨들었으며 하숙집 여주인과 몰래 정을 통해 아이를 낳고 양육비를 청구받는 등 인생을 '즐겁게' 살았어요. 젊었을 때 딱 한 번 성매매를 했던 일을 평생 후회하며 살았던 키르케고르가 들었다면 졸도할 노릇이죠. 아마도 헤겔이라는 사람은 '자아'가 매우 안정되어 있었으며 그의 관심은 오로지 '바깥 세계'에만 있었던 게 아닐까 싶은 생각이 듭니다.

헤겔은 칸트가 정리한 이성의 문제에 시간 축을 도입시켰어요. 인류 역사를 움직이는 원동력은 이성의 진보라는 사실, 고대에서 중세로, 중세에서 근대로 갈수록 이성은 보다 고차원적으로 발전하고 자유를 확대시켜왔다는 사실, 그리고 이성의 발전은 'A라는 명제(정)와 B라는 명제(반)가 대립하다가 이보다 높은 차원의 C라는 명제(합)로 합치된다'는 변증법에 의해 가능하게 되었다는 논리를 펼쳤습니다.

── 구체적인 예를 든다면 어떤 것이 있나요?

자유와 인권이라는 기치를 내건 프랑스 혁명 정권과 봉건적 신분 제도를 유지하고자 했던 프로이센의 절대왕정이 대립한 후 패배한 프로이센 왕국이 프랑스 혁명의 성과를 받아들여 신분제를 철폐함으로써 세계사가 진보하고 자유가 확대되었다는 것도 변증법으로 해석이 가능합니다.

나폴레옹과의 전쟁에서 패한 프로이센 왕국은 농노제를 폐지하는 등 프랑스 혁명의 성과를 도입해 근대화를 꾀하고 드디어 독일의 통일을 이루었습니다. 베를린 대학의 교수가 된 헤겔은 근대화된 프로이센 왕국에 의한 독일 통일을 찬양한 공로를 인정받아 프로이센 정부의 신임을 한몸에 받으며 대학총장으로 승진했죠. 위대한 철학자이기도 했지만 한편으로는 이처럼 자기 몸보신에 급급했던 소시민의 모습도 있었어요.

키르케고르는 헤겔을 향해 다음과 같이 통렬하게 비꼬기를 서슴지 않았습니다.

어떤 사상가가 위대한 전당을, 모든 인생과 세계사와 그 밖의 모든 것을 포괄하는 체계를 구축했다. 그런데 그 사상가의 개인적인 생활을 들여다보니 놀랍게도 자신은 그 거대하고 웅장하면서도 높은 천정이 달린 전당에 살지 않고 그 옆에 있는 헛간이나 개집 혹은 기껏해야 문지기집에서 살고 있는, 실로 어처구니없고 우스운 상황 속에 있었다. (중략) 체계라도 잘 세워놓으면 그나마 좋으련만 그것은 오류 속에 있던 덕분에 가능했던 일일 뿐이며 그가 오류 속에 있음을 무서워하지 않기 때문에 생긴 일이다.

— 키르케고르, 《죽음에 이르는 병》(1-B)[11]

헤겔의 변증법을 환골탈태시킨 것은 마르크스였습니다. 유물론자였던 마르크스는 헤겔 철학에서 말하는 '이성'과 '정신'이 아니라 '생산 수단(물질)을 둘러싼 계급의 대립이 역사를 움직인다'는 유물 사관을 부르짖었어요(참고 p.224). 유물 사관은 고대 노예제 사회(노예 vs 자유 시민) → 중세 농노제 사회(농노 vs 영주) → 근대 자본주의사회(노동자 vs 자본가)를 거쳐 마지막에는 노동자 혁명에 의한 이상 사회인 공산주의가 실현된다는, 겁이 날 정도로 낙관적인 사상입니다. 스승인 헤겔과 마찬가지로 마르크스도 '먹는 일'에 필사적이었으며 '외부 세계'에만 관심을 기울였죠.

4

쇼펜하우어의 '맹목적 의지'

인도 철학에 감명을 받아 서양 문명 그 자체를 부정한
특이한 사상가 쇼펜하우어에 대해 알아보자.

혜겔이 베를린 대학 교수로 인기를 얻고 있을 때 같은 대학 강사로 재직하면서 조금 남다른 성향을 보인 사람이 있습니다. 바로 쇼펜하우어입니다. 단치히 지역 부호의 아들로 태어난 쇼펜하우어는 아버지의 유산을 상속받아 생활하며 철학에 몰두합니다. 그는 칸트에서 시작해 플라톤까지 거슬러 올라갔다가 인도의 우파니샤드 철학에까지 도달하게 돼요.

── 브라만과 아트만은 일체라고 했던 우파니샤드 말인가요?

우파니샤드 철학을 완성한 고대 인도의 베단타학파는 "세계는 아트만이 보고 있는 환상에 불과하다"고 했습니다. 아트만 자체는 '세계를 보는 것'으로, 보이는 것도, 만져지는 것도 아니며 목적도 없이 무한 재생을 반복한다는 세계관을 알게 된 쇼펜하우어에게 '이성의 진보가 역사를 움직인다'는 헤겔의 철학은 유치한 허언처럼 느껴졌죠.

'모든 것은 공(空)'이라는 불교 철학이 보급된 동양에서야 그나마 우파니샤드 철학을 이해하는 사람들이 있다고 하지만 아무 토대도 없는 독일에서 뜬금없이 우파니샤드 철학을 이해시키기란 쉬운 일이 아니었어요. 쇼펜하우어는 서양 철학의 말을 인용해 이를 설명하고자 악전고투를 벌인 끝에《의지와 표상으로서의 세계》를 집필했습니다.

(인식을 위해 존재하는 모든 것) 즉, 전체 세계는 주관과의 관계 속에서 존재하는 객관에 지나지 않으며, 직관하는 자의 직관 세계, 한마디로 말해 표상에 지나지 않는다. (중략) 이 진리는 결코 새로운 것이 아니라 데카르트가 출발점으로 삼은 회의적 고찰에도 이미 있었다. 하지만 이를 최초로 단호히 말한 사람은 버클리였다. (중략) 이 근본 진리는 비아사가 주창한 것으로 간주되는 베단타 철학의 근본 명제로 등장하면서 인도의 현자들이 일찍이 이를 인식했다. (후략)

—쇼펜하우어,《의지와 표상으로서의 세계》(1-1)[12]

베를린 대학의 강사로 재직하면서 강의하던 쇼펜하우어는 헤겔에게 정면으로 도전장을 내밀었습니다. 최고의 인기를 누리던 헤겔 교수와 같은 시간대에 강의를 한 것이죠. 하지만 결과는 참담했습니다. 학생들이 이해하기에는 그의 강의가 지나치게 난해했고 그는 주목받지 못한 채 결국 대학에서 내몰리고 말았습니다.

그 후에도 교수로 임용되지는 못했지만 아버지로부터 막대한 유산을 물려받은 덕에 생활에 곤란을 겪지는 않았습니다. 언제나 정장 차림으로 레스토랑에서 식사를 했으며 '아트만'이라고 이름 붙인 푸들을 데리고 산책하는 것이 그의 일과였어요.

행복한 결혼생활을 영위한 헤겔과는 대조적으로 평생 독신으로 살았던 쇼펜하우어는 "결혼이란 남자의 권리를 반감시키고 의무를 배가시킨다"는 명언을 남긴 것으로도 유명합니다. 칸트도, 키르케고르도, 니체도 평생 독신이었던 것을 보면 철학자의 인생이란 그런 것인가 봅니다. 오히려 헤겔이 특이하게 느껴질 정도죠.

의지 그 자체를 순수하게 보면 인식이 결여되어 있고 맹목적이며 억제 불가능한 단순한 충동에 지나지 않는다. (중략) 우리가 단적으로 '의지'라는 말 대신에 '삶의 의지'로 바꾸어도 그 뜻은 달라지지 않는다. 이는 그저 말

의 중복일 뿐이다. (중략) 개체는 생성되기도 하고 소멸되기도 한다. 하지만 개체는 현상에 지나지 않는다. (중략) 탄생이라든가 죽음은 분명히 의지의 현상, 즉 삶에 속하는 것이고 삶에 있어 본질이라는 것은 다양한 개체의 형태로 스스로를 표현하는 일이며 이들 개체는 시간이라는 형식 속에 나타나는 삶의 한순간의 현상으로, 생겨났다가는 사라지는 것이지만 생명 그 자신은 어떤 시간도 알지 못한다.

—쇼펜하우어, 《의지와 표상으로서의 세계》(4-54)[13]

이성이 인식하는 세계(표상)는 환영에 불과하고 맹목적으로 윤회전생을 반복하는 아트만(의지)이 세계의 본질이라는 쇼펜하우어의 철학은 그의 생전에는 거의 주목받지 못하다가 사후에 많은 공감을 얻게 됩니다. 철학자 니체, 음악가 바그너 (Richard Wagner, 1813~1883), 정신과 의사 프로이트는 모두 쇼펜하우어에게 큰 영향을 받은 사람들이에요. 데카르트 이후에 퍼진 이성만능주의에서 낭만주의로 넘어가는 시기에 큰 지각변동이 일어납니다.

—— 낭만주의가 무엇인가요?

이성(의식)에 의해 감정을 억제하는 것이 아니라 감정(무의식)의 격류에 몸을 맡기자는 사상이에요. 미술계에서는 외젠 들라크루아(Eugène Delacroix, 1798~1863), 문학에서는 빅토르 위고(Victor Hugo, 1802~1885), 음악에서는 베토벤(Ludwig van Beethoven, 1770~1827)이나 바그너가 대표적이에요. 이들은 심금을 울리는 드라마틱한 표현을 선호했죠.

독일에서는 프랑스류의 계몽사상에 반발하면서 독일 고유의 민족 문화의 재발견에 눈을 뜨는 분위기가 형성되었습니다. 그림(Grimm) 형제는 농촌을 돌아다니며 민화를 모아 집대성했으며 바그너는 중세 전설을 토대로 〈로엔그린〉, 〈트리스탄과 이졸데〉 같은 환상적인 오페라를 작곡했어요. 그리고 철학에서 낭만주의를 표방한 사람이 바로 니체입니다.

니체의 '영원회귀'

그리스도교를 대신할 새로운 도덕을 갈구하다 실패한
비극의 사상가 니체에 대해 살펴보자.

철학에서 낭만주의는 헤겔의 후배였던 프리드리히 셸링 (Friedrich Schelling, 1775~1854)으로 시작해 니체에서 정점을 이룹니다.

니체가 사망한 해가 1900년이니 니체는 19세기 후반을 살았던 인물입니다. 프로이센 왕국의 목사 아들로 태어난 니체는 어릴 적부터 신동 소리를 들으며 음악과 시에 뛰어난 재능을 보였습니다. 다섯 살 때 아버지를 잃고 모친과 두 명의 이모, 여동생과 함께 여자들만 있는 집에서 자랐어요. 부성이 결여된 환경에서 싹튼, 부성을 향한 동경은 훗날 니체 철학에 큰 영향을 미칩니다. 본 대학에서 그리스 고전과 범신론(참고 p.186)을 배우면서 그리스도교에 대한 의문을 품던 니체는 목사가 되는 길을 거부해 어머니의 애를 먹이기도 했어요.

비스마르크가 '철혈정책(독일의 통일은 연설이 아니라 철과 피로써 해결할 수 있다고 주장하며 군비 증강에 힘쓴 정책—옮긴이)'을 바탕으로 독일을 무력 통일로 이끌었던 시대에 청년 니체도 육군에 지원합니다. 하지만 심각한 근시와 말에서 떨어져 부상을 입는 바람에 곧 제대하고 말았죠. '강해지고 싶다!'는 꿈은 이렇게 좌절됩니다. 그리고 니체의 근시는 해가 갈수록 심해져 이로 인한 극심한 두통으로 평생을 시달립니다.

그 무렵, 쇼펜하우어의 《의지와 표상으로서의 세계》를 읽고 충격에 빠져 철학과 결정적인 관계를 맺게 되고 작곡가 바그너와도 친분을 쌓으며 그의 로맨틱한 음악에 매료됩니다. 철학 교수가 되고자 했으나 자리가 나지 않다가 겨우 스위스의 바젤 대학에서 그리스 로마 고전을 연구하는 문헌학 교수로 초빙됩니다.

하지만 그리스 비극을 분석한 처녀작 《비극의 탄생》은 학문적 절차를 밟지 않았다는 이유로 학회에서 거절을 당하고 그의 강의는 수강생이 점점 줄어들어 마지막에는 두 명밖에 남지 않는 굴욕을 맛보기도 했어요.

── 이런 점은 쇼펜하우어와 닮은 거 같아요.

지병인 두통이 악화되어 제대로 강의도 하지 못하게 되면서 서른네 살에 바젤 대학을 퇴직하게 됩니다. 그 후 얼마 되지 않는 연금에 의지에 저술 활동을 계속하면서 여름에는 스위스, 겨울에는 이탈리아 등지를 전전하는 무국적자의 생활을 영위했죠. '별 같은 우정'이라며 자랑스러워하던 바그너와의 관계도 악화되고 러시아에서 태어난 여류 작가 루 살로메(Lou Andreas-Salomé, 1861~1937)에게 구혼했으나 거절당합니다. 책도 팔리지 않아 궁핍한 생활은 계속 이어졌어요.

마흔네 살 때 죽음을 감지한 니체는 자서전《이 사람을 보라》를 집필하기 시작합니다. 그러던 어느 날, 니체는 북이탈리아의 길거리에서 채찍질을 당하고 있는 말을 보고는 매달려 울부짖다가 의식을 잃고 쓰러져 정신병원으로 옮겨집니다. 바그너의 부인에게 니체가 보낸 편지에는 이렇게 기록되어 있습니다.

"나는 인도에 있을 때 붓다였으며 그리스에서는 디오니소스였습니다. (중략) 알렉산드로스 대왕과 카이사르는 나의 화신이며 셰익스피어와 베이컨, 볼테르, 나폴레옹이었던 적도 있습니다."[14]

그로부터 10년이라는 오랜 세월을 혼수상태로 지낸 니체는 어머니와 여동생의 간호를 받으며 남은 생애를 보내게 됩니다.

── 어쩌면 키르케고르 이상으로 비참한 인생이라는 생각이 듭니다.

키르케고르는 우울증이었지만 니체는 통합실조증(조현증이라고도 함─옮긴이)을 앓았습니다. 통합실조증은 이전까지 정신분열증이라고 불리던 병으로, '진짜 나'와 세상을 향한 '가면의 나'로 자아가 분열되는 마음의 병이라고 알려져 있어요. 주위 사람들에게 당혹스러움을 안겨줄뿐 아니라 스스로도 괴로움에 시달리는 심각한 병이죠. 급기야 니체는 본인이 채찍을 맞는 말인지, 그리스 신화에 등장하는 디오니소스인지 분간을 하지 못할 정도로 병세가 심각해졌습니다(니체의 광기와 관련해서는 매독설도 있지만 정설은 아닙니다).

키르케고르와 니체로 대표되는, 자신의 삶에 대해 추구하는 철학을 '실존철학'이라고 명명한 사람은 20세기를 대표하는 프랑스 철학가 사르트르(Jean Paul Sartre, 1905~1980)였습니다. '실존(existence)'은 현실에 존재하는 사물, 여기서는 인간을 의미합니다. 반대되는 의미는 '본질(essence)'로, 개개의 사물을 초월한 총체적인 개념, 가령 '그리스도교도'나 '독일 민족', '노동자 계급' 등을 말합니다.

마르크스는 인간을 '계급'으로 보고 계급 투쟁에 의해 진리를 실현할 수 있다고 믿었어요. 실존보다 본질을 우선시한 것이죠. 이에 반해 키르케고르나 니체는 지금 존재하는 인간의 삶을 추구했습니다. 하지만 키르케고르가 직면한 문제와 니체가 직면한 문제는 전혀 달랐어요. 실존주의 철학자의 사상은 그들의 인생과 불가분의 관계에 있습니다. 칸트의 생애를 모르고도 칸트의 철학을 설명할 수 있지만 니체의 생애를 모르고는 니체의 철학을 설명하기 힘들어요.

—— 니체의 사상은 무엇이었나요?

그리스 비극을 분석한 《비극의 탄생》을 보면 두 가지 대립축이 등장합니다.

- 아폴론적인 것 — 명석한 이성
- 디오니소스적인 것 — 어두운 충동, 식욕, 성욕, 죽음에의 충동

아폴론은 그리스 신화에 등장하는 태양의 신으로, 예언을 통해 사람들을 올바른 길로 인도하는 신입니다. 디오니소스(바카스)는 포도주의 신이죠. 그를 기리는 축제 때는 디오니소스를

상징하는 남근상이 시가지 퍼레이드에 등장하며 흥겨운 연극 공연이 이어집니다. 시민들은 술에 취해 흥겹게 노래를 부르고 하층민이 귀족을 비꼬는 풍자도 허용되었습니다. '디오니소스적인 것'이라는 말은 동물적 본능에 몸을 맡기는 '삶의 충동'을 의미합니다.

── 쇼펜하우어의 '맹목적 의지'와 같은 것인가요?

같다고 생각해요. 그런데 이 '삶의 충동'은 그리스도교에 의해 억압을 받습니다. 유대교와 그리스도교의 신은 타락한 인간을 가차 없이 심판하는 무서운 신이에요. 그래서 신에 의해 '원죄'라는 각인이 찍힌 인간은 전전긍긍하며 최후의 심판을 기다리는 가련한 존재로 전락한다는 것이 니체의 주장이죠.

── 그렇다면 그리스도교가 널리 퍼진 것에 대해 니체는 어떻게 생각했나요?

소수 민족의 굴레를 안고 끊임없이 박해를 당하던 유대인이 그 고통스러운 경험을 '신이 내린 벌', '신이 부여한 시련'으로 해석하고 고통을 견딤으로써 신과의 계약이 성립되었고 구원을 받았다는 것이 유대교에서 주장하는 내용이에요. 이런 믿음으로 강자에 대한 원한과 증오의 감정(르상티망(ressentiment))을 발산시킬 수 있었습니다.

그리스도교도는 이것을 발전시켜 "인간의 몸으로 나타나신 신의 아들 예수가 인류의 죄를 짊어지고 십자가에 못 박혀 죽으셨다"고 주장합니다. 로마 제국 말기에 사회 불안이 가속되는 가운데 르상티망이 쌓여가던 사람들에게 그리스도교는 "이승에서의 삶의 기쁨을 버려라. 저 세상에서 구원받아 기쁨을 누리리라"고 설파하면서 압도적인 지지를 받게 됩니다.

그리스도교는 르상티망을 부채질해 사람들을 본래의 '삶'에서 분리시켜 잿빛 인생을 보내는 고통을 견디게 해주는 '약자의 노예 도덕', '허무주의(니힐리즘)의 종교'일 뿐이라고 니체는 주장했습니다.

── 이 부분은 키르케고르와 매우 다르네요.

키르케고르는 세속화된 '국교회 제도'를 비판한 것이지 그리스도교 자체를 부정한 것은 아니었습니다. 오히려 '신 앞에 선 단독자'가 됨으로써 구원받을 수 있다고 강조했죠. 이와는 달리 니체는 그리스도교 자체를 부정했어요. "그리스도교가 부리는 억지는 더 이상 통하지 않는다. 아니 그리스도교뿐만 아니라 초월적 존재는 어느 누구도 인간을 구원하지 못한다. '신은 죽었다'"고 단호히 말했습니다.

니체는 그리스도교 대신 새로운 사상으로 '강자의 도덕'을 추구했어요. 르상티망을 버리고 있는 그대로의 자기를 긍정하고 본래 지닌 '삶의 힘'과 '삶의 힘이 이끌어내는 의지'를 긍정했습니다. 그리고 그렇게 강하게 살아가는 사람을 니체는 '초인'이라고 불렀죠.

그대들에게 초인을 가르치려 하노라. (중략) 형제들이여. 간곡히 바라노니 대지에 충실하라. 그리고 하늘나라에 대한 희망을 말하는 자들을 믿지 말라! 그들은 스스로 알든 모르든 독을 타서 퍼뜨리는 자들이다. (중략) 그들은 삶을 경멸하며 말라죽어가고 스스로 중독된 자들로, 대지는 이들에게 지쳤다. 그러니 그들이 죽든 말든 내버려두라! 과거에 신을 모독하는 일은 최대의 모독이었다. 하지만 신은 죽었다. 그리고 신을 모독하는 자들도 신과 함께 죽었다.

―니체, 《차라투스트라는 이렇게 말했다》(제1부 서설)[15]

《차라투스트라는 이렇게 말했다》는 고대 페르시아의 예언자 조로아스터(독일어로 차라투스트라)를 주인공으로 한 서사시

입니다. 니체의 사상을 잘 보여주는 작품으로 시인으로서의 니체의 재능이 곳곳에서 넘쳐나죠. "하늘나라에 대한 희망을 말하는 자"와 "모독하는 자"는 모두 그리스도교 성직자를 빗댄 말이에요.

칸트나 헤겔의 작품은 논리의 중복이지만 니체의 작품은 완전히 문학서에 가깝습니다. 직관 혹은 영감을 시적인 언어로 표현하고 있어 학문적인 논쟁을 하기에는 어쩐지 어울리지 않는 느낌도 듭니다.

니체의 '초인' 사상은 훗날 나치에 의해 왜곡되어 '지도자에 대한 절대 복종을 강조한 사상가'라는 선전에 이용되기도 했습니다. 만약 니체가 살아 있었다면 "지도자에 대한 맹종을 강요하고 존재하지도 않는 이상향을 가리키는 나치야말로 새로운 노예 도덕"이라고 규탄했을 게 틀림없죠.

그리스도교에서는 인생은 단 한번밖에 주어지지 않으며 그것이 끝나면 최후의 심판을 기다려야 한다고 했지만 니체는 이것을 부정합니다.

악마가 당신의 적막하기 짝이 없는 고독의 끝을 조용히 따라와 이렇게 말한다. "네가 지금 살고 있고, 또 지금까지 살아온 이 인생을 다시 한 번 산다면 어떨까? 아니 무한 반복해 다시 살아야 한다면 (중략) 모든 고통과

모든 쾌락, (중략) 처음부터 끝까지 똑같은 순서와 맥락에 따라 (중략) 지금처럼 회귀하게 될 것이다.” 영원한 존재의 초시계는 끝없이 돌고 또 돈다.” (중략) 이 궁극적인 영원은 배서와 확증 이외에 더 이상 아무것도 바라지 않기 위해서 너는 너 자신과 인생에 강렬한 애착을 가져야 한다.

ー니체,《즐거운 지식》(제4장)[16]

—— ‘윤회전생’ 사상과 비슷한 것 같아요.

인도 철학에서 말하는 ‘윤회전생’ 사상은 전생에 어떤 행함(카르마)을 하고 살았느냐에 따라 다른 존재로 다시 태어남을 의미하지만 니체는 TV 드라마 재방송처럼 같은 인생을 영원히 반복한다고 생각했어요.

이는 곧 인생은 단 한 번뿐이라는 말과 같죠. 그리스도교처럼 ‘저 세상’도 없기 때문에 정말로 단 한 번뿐인 인생이므로 니체는 “당신은 이 사실을 있는 그대로 받아들여야 해!”라고 강조합니다. 이것이 니체의 ‘영원회귀’ 사상이에요. 병마와 싸우며 고독한 인생을 보내면서 정신착란으로 생애를 마친 니체가 마지막에 도달한 것이 이 경지였습니다.

차라투스트라는 가장 추한 사람의 손을 잡고 그의 밤의 세계, 거대한 달,

그리고 동굴 근처에 있는 은빛 폭포를 벗들에게 가리켰다. (중략) 그때 이 길고 놀라운 하루 중에서 가장 놀라운 일이 벌어졌다. (중략) "나의 벗인 모든 사람들이여." 가장 추악한 인간이 말했다. "그대들은 어떻게 생각하는가? 오늘 이 하루가 있었기에 나는 태어나 처음으로 만족을 느꼈다." (중략) 지상에서 산다는 것은 보람 있는 일이다. 차라투스트라와 더불어 지낸 하루, 하나의 축제가 내게 이 대지를 사랑하는 방법을 가르쳐주었다. 나는 죽음을 향하여 말하리라.

"이것이 인생이었는가. 좋아! 그렇다면 다시 한 번!"

— 니체, 《차라투스트라는 이렇게 말했다》(제4부 최종부)[17]

'가장 추악한 인간'은 니체 자신을 의미합니다. 문자 그대로 고통과 고난으로 가득했던 인생을 돌아보았을 때 "좋아! 그렇다면 다시 한 번!"이라고 단언할 수 있는 사람이라면 분명 '초인'이라 인정해도 좋을 것입니다. 하지만 이런 확신을 갖기 위해서는 종교적이라고까지 말할 수 있는 의지의 힘이 필요해요. 니체의 정신이 좀 더 강건했다면 그는 어쩌면 '교주'가 되었을지도 모릅니다. 하지만 현실적으로 그의 정신은 붕괴되어 있었어요.

일본에서 연간 2만 명이 넘는 사람들이 자살을 합니다. 현대인들은 어릴 때부터 물질적 풍요와 높은 학력만이 인생의 목표라고 가르치며 직업적인 성공과 출세에만 삶의 의미를 두고 있죠. 그들은 경쟁에서 밀리거나 불경기로 일자리를 잃게 되면 삶의 의미를 잃고 방황합니다.

"신이 존재하지 않는 시대를 어떻게 살아가야 할까?"라는 질문에 대답하지 못하는 우리 현대인들이야말로 니체가 도달한 경지에서, 도달하고자 했던 경지에서 배울 점이 많다는 생각이 듭니다.

맺음말

일반인을 대상으로 하는 철학사 가운데 제가 가장 높이 평가하는 책은《소피의 세계》라는 책입니다.

저자 요슈타인 가아더(Jostein Gaarder, 1952~)는 노르웨이의 고등학교에서 철학을 가르치는 교사로, 1991년에 초판이 발행된 이래 이 책은 세계적 베스트셀러로 명성을 떨쳤습니다. 일본에서 나온 번역본이 650페이지가 넘을 정도의 대작으로, '철학자'와 여자아이 소피가 편지를 주고받는 형식으로 전개되어 중학생도 읽을 수 있을 정도로 쉽지만 그 속에 유럽 철학사의 정수가 고스란히 담겨 있습니다.

이 책도《소피의 세계》를 본떠 가공의 강좌 형식을 빌려 전개하고 있습니다. 대화 형식으로 철학을 논하는 것은 고대 인도의 철학자나 플라톤이 선호하던 방법이기도 합니다. 독자층은 성인과 고등학생 정도까지 생각하고 있지만 중학생이라도 철학에 관심이 많은 학생이라면 이해가 가능할 것입니다.

철학 입문서는 지금도 이미 많이 나와 있습니다. 그중에는 훌륭한 책들도 많습니다. 그래서 기존에 출판된 책들과 차별화를 꾀하기 위해 다음 두 가지 사항에 주안점을 두었습니다.

첫째, 사상가들이 살았던 시대와 역사적 문맥 속에서 생생하게 전달한다.

둘째, 사상가들의 저서를 가급적 많이 인용하여 그들의 '진짜 목소리'를 들려준다.

철학을 전공하지 않은 제가 이런 책을 내기 위해서는 수많은 전문가들의 힘을 빌리지 않을 수 없었습니다. 구로자키 마사오의 《칸트의 순수이성비판 입문》, 니체와 관련해서는 나가이 히토시의 《이것이 니체다》, 인도 철학과 관련된 부분은 미야모토 게이치의 《인도 철학의 일곱 가지 난문》 등을 통해 많은 것을 배웠습니다. 이 자리를 빌려 감사의 말씀을 드립니다.

다이와쇼보의 편집부 고미야 요시코 씨는 관용의 정신으로 집필이 늦어지는 것도 잘 참아주시고 저의 폭주도 지혜롭게 잘 제어해주셨습니다. 덕분에 이렇게 출판이 실현되어 정말로 감사드립니다.

모기 마코토(茂木誠)

출전

제1전

1 〈아이히만 조서-이스라엘 경찰 심문 녹음 기록〉 Jochen von Lang 편. 오마타 와이치로 역(이와나미서점) p.136

2 〈네덜란드 전국의회 선포〉(《역사학연구회편 세계사사료》5. 이와나미서점) p.304

3 〈미국 독립선언문〉(《인권선언집》 다카기 야사카. 스에노부 산지. 먀야자와 도시요시 편. 이와나미문고) p.114

The Declaration of Independence: The U.S. National Acchives and Records Administration

http://www.archives.gov/exhibits/charters/declaration_transxrpt.html

4 〈GHQ 일본국헌법초안〉(일본국립국회도서관 〈일본국헌법의 탄생〉)

http://www.ndl.go.jp/constitution/shiryo/03/076/076tx.html#005

5 타키투스. 《게르마니아》 니하라 기치노스케 역(치쿠마학예문고) p.38-39

6 투키디데스. 《전쟁사》 구보 마사아키 역(추쿠클래식) p.64

7 플라톤. 《소크라테스의 변명》 구보 마사루 역(와이드판 이와나미문고) p.64

8 플라톤. 《국가》상 후지사와 노리오 역(이와나미문고) p.405

9 장 보댕. 《국가론》(《역사학연구회편 세계사사료》5. 이와나미서점) p.324

10 〈마그나 카르타〉(《인권선언집》 가기 야사카. 스에노부 산지. 먀야자와 도시요시 편. 이와나미문고) p.40-41

11 〈찰스 1세에 대한 사형판결〉(《역사학연구회편 세계사사료》5. 이와나미서점) p.351-352

12 〈권리장전〉(《인권선언집》 가기 야사카. 스에노부 산지. 먀야자와 도시요시 편. 이와나미문고) Bill of Rights; Legislation. gov.uk(The National Archives)

http://www.legislation.gov.uk/aep/WillandMarSess2/1/2/introduction

13 토머스 홉스, 《리바이어던》2 미즈타 요 역(이와나미문고) p.32-34

14 존 로크, 《통치론》 미야카와 도오루 역(추쿠클래식) p.225, 227

15 볼테르, 《철학서간》 나카가와 신 역(《세계의 명저》35, 추오공론사) p.94

16 몽테스키외, 《법의 정신》 이노우에 다카히로(《세계의 명저》34, 추오공론사) p.376

17 몽테스키외, 《법의 정신》 이노우에 다카히로(《세계의 명저》34, 추오공론사) p.381

18 루소, 《인간 불평등 기원론》 혼다 키요지, 히라오카 노보루 역(이와나미문고) p.80

19 루소, 《인간 불평등 기원론》 혼다 키요지, 히라오카 노보루 역(이와나미문고) p.85

20 루소, 《사회계약론》 구와바라 다케오, 마에카와 신지로 역(이와나미문고) p.30

21 루소, 《사회계약론》 구와바라 다케오, 마에카와 신지로 역(이와나미문고) p.35

22 루소, 《사회계약론》 구와바라 다케오, 마에카와 신지로 역(이와나미문고) p.54-55

23 루소, 《사회계약론》 구와바라 다케오, 마에카와 신지로 역(이와나미문고) p.133, 135

24 이노우에 고지, 《장 자크 루소의 망혼에 바치는 로베스피에르의 헌사》(세이분토신코샤) p.14

25 〈1792년 12월 국민공회에서 로베스피에르의 연설〉(《세계사사료》6, 이와나미서점) p.30-31

26 《프랑스 혁명의 지도자》 구와바라 타케오 편(아사히선서) p.269

27 《프랑스 혁명의 지도자》 구와바라 타케오 편(아사히선서) p.272

28 카를 슈미트, 《독재론》 다나카 고, 하라타 다케오 역(미라이사) p.138-139

29 한나 아렌트, 《혁명론》 시미즈 하야오 역(치쿠마학예문고) p.116, 118

제2전

1 에우리피데스, 《트로이의 여인들》 마츠히라 치아키 역(《그리스 비극 3》, 치쿠마문고) p.701

2 투키디데스, 《전쟁사》 구보 마사아키 역(추쿠클래식) p.214

3 타키투스, 《게르마니아》 니하라 기치노스케 역(치쿠마학예문고) p.189

4 아우구스티누스, 《신국론》 제1권 하토리 에이지로, 후지모토 요조 역(이와나미문고) p.273

5 아사노 유이치, 《묵자》(고단샤예술문고) p.64

6 《구약성경》, 〈여호수아기〉(성경 한국천주교중앙협의회, 2005)

7 라스 카사스, 《인디언 파괴에 대한 짧은 보고서》 소메다 히데후지 역(이와나미문고) p.42-43

8 마키아벨리, 《군주론》 가와시마 아키히로 역(이와나미문고) p.109

9 마키아벨리, 《군주론》 가와시마 아키히로 역(이와나미문고) p.132-133

10 《순자》 가네타니 나오루 역(이와나미문고) p.189

11 《한비자》제2권 가네타니 나오루 역(이와나미문고) p.272

12 몽테뉴, 《수상록》3 아라키 쇼타로 역(추쿠클래식) p.324

13 흐로티위스, 《전쟁과 평화의 법》제1권 이치마타 마사오 역(간쇼도출판) p.75-77

14 클라우제비츠, 《전쟁론》상 시노다 히데오 역(이와나미문고) p.58

15 클라우제비츠, 《전쟁론》상 시노다 히데오 역(이와나미문고) p.339

16 《손자》 마쓰다 산로 역(추코문고 B-BL-O) p.7

17 칸트, 《영구평화론》 우쓰노미야 요시아키 역(이와나미문고) p.44-45

18 〈국제연맹규약〉(《역사학연구회편 세계사사료》10, 이와나미서점) p.148

19 〈파리 부전조약〉(《역사학연구회편 세계사사료》10, 이와나미서점) p.154

20 〈메이플라워 서약〉(《역사학연구회편 세계사사료》7, 이와나미서점) p.74

21 존 오설리번, 《병합론》(《역사학연구회편 세계사사료》7, 이와나미서점) p.378

22 우에오카 노부오, 〈윌슨 대통령 연설〉(《명연설에서 배우는 미국 역사》, 겐큐사) p.89

23 우에오카 노부오, 〈조지 부시 대통령 국정연설〉(《명연설에서 배우는 미국 역사》, 겐큐사) p.243-245

제3전

1 《구약성경》, 〈창세기〉(성경 한국천주교중앙협의회, 2005)

2 칸트, 《순수이성비판》1 나카야마 하지메 역(고분샤고전신역문고) p.144

3 데카르트, 《방법서설》 오치아이 타로 역(이와나미문고) p.18

4 데카르트, 《방법서설》 오치아이 타로 역(이와나미문고) p.19-20

5 데카르트, 《방법서설》 오치아이 타로 역(이와나미문고) p.45

6 플라톤, 《메논》 후지사와 노리오 역(이와나미문고) p.68

7 플라톤, 《메논》 후지사와 노리오 역(이와나미문고) p.47-48

8 플라톤, 《파이돈》 이와타 야스키 역(이와나미문고) p.79

9 플라톤, 《파이드로스》 후지사와 노리오 역(이와나미문고) p.67-69

10 《찬도기야 우파니샤드》 이와모토 히로시 편역(치쿠마학예문고) p.186-187

11 《찬도기야 우파니샤드》 이와모토 히로시 편역(치쿠마학예문고) p.138-139

12 《수타니파타》 나카무라 하지메 역(이와나미문고) p.20-21

제4전

1 《브리하드아란야카 우파니샤드》 이와모토 히로시 편역(치쿠마학예문고) p.228

2 《수타니파타》 나카무라 하지메 역(이와나미문고) p.181

3 존 로크, 《인간오성론》상 가토 우이치로 역(이와나미문고) p.79-80

4 칸트, 《순수이성비판》7 나카야마 하지메 역(고분샤고전신역문고) p.263

5 칸트, 《순수이성비판》2 나카야마 하지메 역(고분샤고전신역문고) p.18-19

6 칸트, 《실천이성비판》2 나카야마 하지메 역(고분샤고전신역문고) p.242

7 에리히 프롬, 《자유로부터의 도피》 히다카 로쿠로 역(도쿄소겐샤) p.125

8 막스 베버, 《프로테스탄티즘 윤리와 자본주의 정신》 오오츠쿠 쿠오 역(이와나미문고) p.179

9 키르케고르, 《죽음에 이르는 병》 마스다케 이자부로 역(추쿠클래식) p.230

10 키르케고르, 《죽음에 이르는 병》 마스다케 이자부로 역(추쿠클래식) p.77

11 키르케고르, 《죽음에 이르는 병》 마스다케 이자부로 역(추쿠클래식) p.73

12 쇼펜하우어, 《의지와 표상으로서의 세계》1 니시오 간지 역(추쿠클래식) p.7

13 쇼펜하우어, 《의지와 표상으로서의 세계》2 니시오 간지 역(추쿠클래식) p.247-249

14 http://www.thenietzschechannel.com/correspondence/eng/nlett-1889.htm

15 니체, 《차라투스트라는 이렇게 말했다》1 데즈카 도미오 역(추쿠클래식) p.11-12

16 니체, 《즐거운 지식》 시다 쇼조 역(치쿠마학예문고) p.362-363

17 니체, 《차라투스트라는 이렇게 말했다》2 데즈카 도미오 역(추쿠클래식) p.371-372

옮긴이 정은지

동덕여대 일문과를 졸업하고 도쿄 외국어전문학교 일한통역과를 졸업했다. 현재 출판번역
전문 에이전시 베네트랜스에서 번역가로 활동하고 있다. 옮긴 책으로는《사랑받는 기술》,
《세상에서 제일 재미있는 뇌 탐험 지도》,《생각을 쉽게 하라》,《준비된 자만이 살아 남는다》
등 60여종에 이른다.

KI신서 6497

세계사를 움직인 사상가들의 격투

철학썰전

1판 1쇄 인쇄 2016년 8월 17일
1판 1쇄 발행 2016년 8월 23일

지은이 모기 마코토 **옮긴이** 정은지
펴낸이 김영곤 **펴낸곳** ㈜북이십일 21세기북스
해외사업본부 간자와 타카히로 황인화 이태화
디자인 씨디자인: 조혁준 함지은 조정은 김하얀
제작팀장 이영민
영업본부장 안형태
출판영업팀 이경희 이은혜 권오권
출판마케팅팀 김홍선 최성환 백세희 조윤정
홍보팀장 이혜연

출판등록 2000년 5월 6일 제406-2003-061호
주소 (10881) 경기도 파주시 회동길 201(문발동)
대표전화 031-955-2100 **팩스** 031-955-2151 **이메일** book21@book21.co.kr

ISBN 978-89-509-6444-3 03160
책값은 뒤표지에 있습니다.

경계를 허무는 콘텐츠 리더 ㈜북이십일
페이스북 facebook.com/21cbooks **블로그** b.book21.com
인스타그램 instagram.com/21cbooks **홈페이지** www.book21.com